DE SEL
MARGUE

Vorwort Stefan Strumbel

Lieber Willi,

„Ich bitte zu Tisch ...“

... vor 35 Jahren war das der erste Satz, als du mich zu einem Billiardspiel aufgefordert hast.

Einstein sagte: „Billard ist die hohe Kunst des Vorausdenkens. Eine Sportart, die neben physischer Kondition das logische Denken eines Schachspielers und die ruhige Hand eines Konzertpianisten erfordert.“

Wenn ich jetzt sehe, was du nach 35 Jahren erreicht hast, entspricht es genau diesem Zitat. Du hast mit deinen Eigenschaften Ruhe, Zuversicht, Ausdauer, Vorausschauen und Nachhaltigkeit Orte des Genusses und Wohlbefindens geschaffen.

Unsere Region steht für die kulinarische Hochburg, jedoch wenn ich morgens, mittags & abends das Gefühl von Restaurierung empfinde, dann lande ich in meinen zwei Wohnzimmern namens Schoellmanns oder Zauberflöte.

Genau diese zwei Orte zählen zweifellos zu den besten gastronomischen und attraktivsten Orten der Region und darüber hinaus.

Auf dem Weg zum Eingang, entlang der Neoninstallation und den von diversen Künstlerfreunden bemalten Außenfassaden, fühlt man sich kurz wie in einer Metropole. Mit feinen Aromen des Cafés und Restaurants, vermischt mit Zigarettenrauch des Innenhofs sowie den sanften Klängen des Plattenspielers der Bar.

Zahlreiche Werke internationaler Künstler schmücken die Wände deiner Läden. Es ist unverkennbar, dass du seit Jahrzehnten eine Institution nicht nur für die Kunst & Kreativszene schaffst.

Viele kommen und begleiten dich seit Jahrzehnten von morgens bis abends, lassen sich von dir restaurieren … viele lassen sich inspirieren … genießen ihre Melancholie oder betrinken sich einfach in deiner „NO Label Bar …“, manche verbringen einfach nur eine Nacht in den von Künstlern gestalteten Hotelzimmern, direkt neben der Bahnlinie.

Deine Orte der Leidenschaft sind in der Gastronomie-Welt nicht mehr wegzudenken.

Ich freue mich sehr, dass nun deine Leidenschaft für uns alle nachhaltig festgehalten ist & dass wir den Zauber deines Meisterwerkes mit nach Hause nehmen dürfen.

„Ich bitte zu Tisch …“

DEIN
STEFAN..

bleiben, ist eines der Zentren von Willi Schöllmanns gastronomischem Anspruch, war es immer und wird es wohl immer bleiben. Es ist auch einer der großen Nenner dieses Buchs – bei den Drinks wie auch beim Essen.

Zuhause, aber mit offenem Auge für die Welt

Dabei darf man niemals den Fehler machen, irgendwo Scheuklappen sehen oder sehen wollen. Die Liebe zu den heimischen Produkten und Zutaten ist nur eine Komponente von Willis Arbeit als Gastgeber, Bartender, Koch, Hotelier, Caterer, Unternehmer. Sie ist vielmehr erst eine Folge, und zwar ein Konzept, das den Raum ausfüllt, den Willi immer haben wollte: den eigenen Laden, die eigene Gastronomie, das eigene Restaurant, die eigene Bar. Die Bar und das Restaurant als mondänen, kosmopolitischen Raum, als kulturell aufgeladenen Platz, als Zufluchtsort für die Gäste, als Ort der Begegnung und auch als internationalen Platz, an dem es sich eben auch für einen Schwarzwälder Stammgast so anfühlt, als würde er sich gerade in Boston oder Buenos Aires aufhalten. Gastronomie in fast jeder erdenklichen Form ist die große Liebe und Leidenschaft des Willi Schöllmann. Das scheint bei Willi ein bisschen so zu sein wie mit den meisten Menschen und »ihrem« Fußballverein: Den sucht man sich meist nicht bewusst aus, der Verein findet Dich. So ähnlich muss das mit Willi und der Gastro gewesen sein. Wer mit 15 anfängt, im Spülzelt auf Weinfesten oder Festivals zu jobben, der findet Gastronomie interessanter als den Einzelhandel. Wer noch als minderjähriger Schüler in einem mäßig laufenden Café zu kellnern anfängt, der hat Bock auf Gastronomie und kann damit was anfangen. Wer die Schule abbricht, um dieses mäßig laufende Café an seinem achtzehnten Geburtstag mit 200 DM Startkapital zu übernehmen, der scheint zunächst mal vollkommen irrsinnig und neben der Kappe. Aber genau das hat Willi getan, weil er es tun musste.

Wirt aus Leidenschaft

Vielleicht war die Gastronomie für Willi der einzige Weg, um den Wunsch, in Offenburg zu bleiben, mit dem persönlichen Glück zu vereinbaren. Denn nach meinen bisherigen Gesprächen mit Willi (ich habe übrigens den Teufel getan, ihn für diesen Text hier noch einmal extra zu interviewen) war Gastronomie für ihn ganz eindeutig zuerst noch Flucht, später dann Therapie. Erst also die Möglichkeit sich in der Provinzstadt in eine selbst geschaffene Traumwelt zu flüchten. Gastro, das ist doch eben immer noch diese Traumwelt, Halbwelt, Scheinwelt, bessere Welt: Komische Typen, internationales Flair, moderne Frauen, Künstlertypen, Rausch, geile Drinks, vielleicht Drogen, vielleicht Sex, lange Draußensein. So Großstadtsachen eben, die man sich als junger Mensch halt holt, wie auch immer.

Der zweite, nachvollziehbare Schritt für Willi war die Therapie, und damit meine ich nicht, dass er selbst Probleme hatte, sondern dass er diese seine Stadt einfach therapiert hat, ihr als Gastronom die Orte geschenkt hat, die so eben normalerweise nicht in Städten dieser Größenordnung zu finden sind. Wer 1997 in einer Kleinstadt eine Bar aufmacht, die bis 5 Uhr morgens geöffnet hat, der begibt sich in Risiken. Sowas kann nach hinten losgehen. Es kann zu seinem Ort für Säufer werden. Zu einem Ort für Schlägereien. Zu einem Ort, den die Polizei irgendwann auf dem Schirm hat. Doch da war er wieder, der vollkommene Irrsin des Willi Schöllmann. Die »Red Lounge«, seine erste richtige Cocktailbar, die es heute nicht mehr gibt, sie musste trotzdem sein, war ein organischer Schritt auf dem Weg ins Heute. Ohne die Red Lounge hätte es das Schoellmanns nicht gegeben, nicht danach das Haus Zauberflöte und die vielen anderen Projekte. Ohne die Red Lounge wäre Willi nicht der, der er jetzt ist, er würde nicht – dieser Text entsteht mitten in den Tiefen der zweiten Corona-Welle – genau zu diesem Zeitpunkt ein Buch herausbringen und parallel ein neues, weiteres Gastroprojekt und ein Hotel in Offenburg planen. Bei Willi geht es nicht ohne diese Form von Irrsinn, das hat er mir selbst bestätigt. Das Beste daran: Es ist ein gesunder Irrsinn, ein durchweg positiver Irrsinn, den die Menschen mitnehmen, die bei und für Willi arbeiten und mit Willi gearbeitet haben. Bei so gut wie keinem anderen Gastronomen, den ich kenne (und ich kenne wirklich viele Gastronomen) bleiben so viele Mitarbeiter so unglaublich lange, teilweise über ein Jahrzehnt. Man wird Familie. Das führt, gerade im Bereich der Barszene, dazu, dass es mittlerweile fast so etwas wie einen merklichen Schöllmann-Fußabdruck gibt, den man zwar nicht offenkundig überall herausliest, der aber doch oft spürbar ist. Das ist einerseits das Mixen mit Obstbrand, das sozusagen bei Willi angefangen hat (dazu mehr ab S. 16). Das liegt aber auch an den Köpfen, die Willi geprägt hat. Allen voran Jonas Stein, mittlerweile in Berlin tätig und einer der einflussreichsten, bekanntesten deutschen Bartender. Oder Paul Sieferle, der mittlerweile in Mannheim mehrere Bars betreibt: Er hat selbst zwar nicht einen Tag lang für Willi gearbeitet, sagt aber heute unmissverständlich, dass es seine Läden ohne Willi und die Eindrücke von Drinks, Regionalität, Barkultur heut nicht gäbe. Das sagt auch Felix Kaltenthaler, Gründer von Revolte Rum, Kernstein und heute einer der renommiertesten jungen Brenner in Deutschland: Ohne seine Aufenthalte bei Willi in Offenburg gäbe es all seine Marken und Ideen heute nicht.

So etwas, so zu werden, so zu sein und viele Menschen zu bewegen und zu prägen, einen ganzen Ort mit zu gestalten – all das plant man nicht. Das ist man. So muss man dann einfach sein, daran kann man nicht vorbei. So einer ist Willi Schöllmann. Den gibt's nicht anders und er gehört genau so. Sogar wenn er sein Restaurant nach sich selbst benannt hat. Das dürfen ja, siehe oben, nur ganz Wenige.

Nils Wrage

MONOPOL
"AH SO"
Germany
LAGUIOLE

Die Frucht nach vorne

Es war ungefähr um die Jahrtausendwende, also als sich im Vergleich zu heute kaum jemand in Deutschland für deutschen Wein interessierte, da warben die deutschen Winzer eine Zeit lang in deutschen Zeitschriften mit einem gemeinsamen Slogan: »Deutsche Weine – nichts liegt näher«. So blöd dieser Slogan ist, so sinnvoll war er damals. Denn die Menschen tranken lieber öden Pinot Grigio aus dem Supermarkt oder aber natürlich gewaltige Weinmengen aus der neuen Welt und aus Australien. Deutsche Weine, so populär sie heute – auch dank einer völlig neuen Herangehensweise vieler Winzer – wieder vollkommen zurecht sind, hatten damals vor allem eine Assoziation: Muff. Dazu kam das meist aus der Luft gegriffene Vorurteil, deutsche Weine seien zu süß oder gar gestreckt, gezuckert, versetzt. Der Österreichische Weinskandal Mitte der 1980er, er hatte lange Nachwirkung in den Köpfen der Leute, und auch die deutsche Winzerszene hatte daran zu knabbern.

Was einer immer größer werdenden Schar von Verbrauchern und Genießern heute eine absolute Selbstverständlichkeit ist, nämlich ein Fokus auf Produkte aus der eigenen Region, auf Heimisches, auf Handwerkliches, auf kurze Wege und nachvollziehbare Lieferketten – das war vor gut 20 Jahren noch in weiter Ferne. Deutscher Wein lag also nah, aber eben gleichsam fern.

Und in genau diese Zeit kam Willi Schöllmann mit seiner Idee, Cocktails aus heimischen Obstbränden zu mixen. In einer Phase, als etwa vier Fünftel aller Menschen nichtmal eine Idee davon hatten, was eigentlich ein Mojito ist, begann Willi, seinen Mojito statt mit dem bekannten Rum lieber mit Birnenbrand zu machen.

Das Wort »Pionier« wird oft überstrapaziert und völlig unpassend eingesetzt. Gern wird jemand, der sich irgendwas Neues ausdenkt, schnell als Pionier bezeichnet. Doch hinter dem Begriff steckt mehr. Ein Pionier denkt sich nicht einfach etwas aus, er entdeckt etwas oder beschreitet einen Pfad, den es schon gab, der aber von allen als unwägsam betrachtet wurde. Tatsächlich hat die Barkultur in den letzten 20 Jahren einige wirkliche Pioniere erlebt und gesehen, denn davor war sie viele Jahrzehnte lang quasi inexistent. Sie musste wiederbelebt werden. Und einer dieser wirklichen Pioniere war Willi Schöllmann – als derjenige, der sich als erster Barbetreiber das Konzept aufs Tableau geschrieben hat, mit Obstbrand Cocktails zu machen.

Willi Schöllmann hat den Obstbrand aus der muffigen Ecke geholt

Der Vergleich zum deutschen Wein am Anfang ist dabei deshalb so unheimlich passend, weil Obstbrände und Obstgeiste sich vieles mit dem früheren Zustand des deutschen Weins geteilt haben und bis heute immer noch teilen. Heimische Brände aus Birnen, Kirschen, Zwetschgen, der klassische Himbeergeist und sogar der schlichte Obstler sind vor allem eins: Handwerkliche Spitzenprodukte, die für ihre Region und den Geschmack ihrer Herkunft stehen. Sie sind die große Kulturspirituose Süddeutschlands. Sie sind das, was Scotch für Schottland ist, Cognac für die Charente, Bourbon für den Süden der USA und Rum in all seiner Vielfalt für den karibischen Raum. Natürlich gibt es unter ihnen auch schrottige Massenprodukte, aber die gibt es immer und überall. Grundsätzlich aber sind sie eine kulinarische Einzigartigkeit, die man nicht hoch genug einschätzen kann. Und sie sind Cocktailzutaten, die vor aromatischer Kraft und Intensität nur so strotzen. Das Bild von Obstbrand in einer breiten Öffentlichkeit ist aber bis heute (der deutsche Wein war cleverer) noch immer dominiert von zwei anderen Sichtweisen. Da wäre einerseits die Flasche Obstler für sieben, acht Euro, dic man im mittleren Supermarktregal mitnimmt, weil ein Biskuitboden damit getränkt werden soll. Muss halt sein, darf nicht viel kosten. Völlig selbstverständlich steht daneben im Einkaufswagen ein Gin für den fünffachen Preis, obwohl er wesentlich billiger herzustellen ist. Sexyness sieht anders aus. Andererseits haben Obstbrände, teils extrem teure, rare Obstbrände, ihren unangefochtenen Platz auf den Digestifwägen vornehmer Restaurants. Dort sind sie dann Bestandteil der mitunter arg festgezurrten Dramaturgie aus Fine Dining und Menüfolge und werden von mitunter weißbehandschuhten Sommelierhänden in kleine Gläser gegossen. »Zu schade zum Mixen« wird einem solchen Destillat dann vom vermeintlichen Kenner attestiert, bevor er es durch das dazu gereichte Pralinée geschmacklich vollumfänglich niedermäht. Auch hier keine Spur von Sexyness.

Mit der Zutat beschäftigen – so geht das

Es ist sozusagen genau diese Nahstelle aus Kenntnis & Unkenntnis, aus adäquater Behandlung des Produkts, aus Nähe zur Herkunft und der Suche nach Sexyness, an der der Pioniergedanke von Willi Schöllmann vor etwa 15 Jahren angesetzt hat: Obstbrand in Cocktails, und zwar nicht als pseudolokaler Brandbeschleuniger, sondern als Basis, als Grundlage, als Aromenspender. Aber auch als Haltung. Denn es bedeutete um das Jahr 2006, als das Schoellmanns seine Tore aufsperrte, durchaus noch so etwas wie Haltung, wenn man so etwas anbot wie Drinks mit Obstbrand. Obwohl es im Schwarzwald nicht nur das mitunter beste Obst Mitteleuropas, sondern je nach befragter Quelle zwischen 20.000 und

30.000 (!) Brennblasen gibt, wanderten auch in Offenburg – wie sonst überall – keine heimischen Destillate in den Shaker, sondern die immergleichen Sachen. Wohlgemerkt in einer Zeit, in der auf der anderen Seite des Atlantik bereits einige wenige, hochspezialisierte Bartender mit German style fruit brandy in ihren Drinks experimentierten. Stichwort Haltung. Eine Haltung für Qualität. Denn für Willi war das Mixen mit Obstbrand zwar eine Sache der Haltung und ebenso eine Herzensangelegenheit, aber niemals: ein Dogma.

Doch wer für sein Restaurant ebenso ausschließlich mit örtlichen Bauern, Fleischern und Käsereien zusammenarbeitet und die Milch tagesfrisch in Glasflaschen liefern lässt, sollte bei der Spirituose nicht plötzlich damit aufhören. Die bewusste Hinwendung zum Obstbrand war daher für Willi Schöllmann schlicht eine Konsequenz, an der kein Weg vorbeiführte. Aber eben kein Dogma, sondern eine Notwendigkeit in einer Zeit, als Regionalität in der Küche gerade erst am Wendepunkt von der Ausnahme zur Regel stand. In einem Gespräch dazu sagte Willi einst: »Die Idee, den Obstbrand aus seiner ›Ecke‹ zu holen und ihn in Cocktails zu überführen, denkt dieses regionale kulinarische Prinzip nur weiter.«

Über Obstbrand sprechen

Natürlich ist klar, dass man in einem Bar-Restaurant nicht einfach von Tag eins an mit hochexperimentellen Cocktails anfängt und die Gäste vor vollendete Tatsachen stellt, erst recht nicht in der, nun ja, Provinz. In New York, Barcelona oder Sydney mag es möglich sein, täglich ein ausreichend großes Publikum mit abgefahrenen, unbekannten Exotismen abzuholen. In kleinen Städten aber braucht man dafür viel ehrliche, aufrichtige Kommunikation und ein Gefühl dafür, wie weit man bei wem womit gehen kann. So ist die Geschichte der Obstbrand-Drinks im Schoellmanns vor allem auch eine lange, organische Entwicklung, die selbst einen ausführlichen Lernprozesses darstellt, wie Willi auch zugibt – mixologisch und handwerklich wie auch aus dem sozialen, gastgeberischen Blickwinkel. Denn wenn man etwas macht, was vorher niemand getan hat, muss man sich vorantasten, ausprobieren, abchecken. Abchecken, was überhaupt schmeckt und auch abchecken, was die Leute annehmen: »Der erste Drink war tatsächlich ganz schlicht ein Birnenbrand mit Tonic – absolut zugänglich und leicht. Wir mussten das natürlich trotzdem dauernd erklären: dass das überhaupt geht. Die Leute hatten diese Vorstellung einfach nicht im Kopf. Dann haben wir mit Sours weitergemacht, auch erst mal mit Birne, dann mit Kirschwasser, glaube ich. Dann hat es irgendwann Fahrt aufgenommen«, erinnert sich Willi heute. Über solche Kommunikation entsteht Vertrauen, das weiß jeder Bartender. ein skeptischer, unerfahrener Gast bleibt vielleicht drei, vier Besuche lang beim Gin & Tonic. Irgendwann nimmt er aber die Empfehlung für einen Negroni an, und im besten Fall bereichert man ihn damit, sodass er fortan weitersucht: Vom Negroni zum Boulevardier, vom Boulevardier zum Manhattan, vom Manhattan zum Old Fashioned, vom klassischen Old Fashioned zu einem modernen Twist, in dem der Rye Whiskey vorher mit Bacon und Erdnuss infundiert worden ist.

Die Drinks aus dem Schoellmanns zeigen einen organischen Prozess

Genauso war es im Schoellmanns: Aus den ersten schlichten, aber erfolgreichen Gehversuchen mit Birne und Tonic ist irgendwann eine Cocktailkarte gewachsen, die ausschließlich hauseigene Signature Drinks mit Beteiligung von Obstbränden und Geisten versammelt. Es ist ein weiter Weg von einem Kirschwasser mit Tonic bis zum »Al Green« ⟶ S.32 mit Fichtensprossengeist, Kiefernnadel, Gin, Wermut, Quinquina und Salz oder zum »Der Blaue Gärtner« ⟶ S.65, der Zwetschgenbrand mit Mezcal und Salbei paart. So etwas schafft man nicht, wenn man seinen Gästen einfach selbstgerecht Sachen vor den Latz knallt, die sie nicht kennen, sondern indem man ihnen immer wieder glaubhaft versichern kann, dass man das, was man ihnen da anbietet, selber ziemlich gerne trinkt. Natürlich will man keinen Wirt, der selbst sein bester Kunde ist. Aber der vegane Metzger ist doppelt so schlimm. Umso glaubhafter wird das Ganze dadurch, dass in Willi Schöllmanns Bar eben nicht ausschließlich mit heimischen Obstbränden gemixt wird. Es geht nicht um die Negation der Anderen. Rum, Tequila, Cognac, Gin – sie alle gehören ins Schoellmanns und ins Haus Zauberflöte wie in jede andere Bar. Aber der Obstbrand agiert an diesen Orten mit ihnen auf Augenhöhe. Verschiedene Köpfe und Einflüsse kommen zusammen und bereichern sich selbst zu etwas Besonderem.

So war es bei Willi Schöllmann vor allem auch das Verdienst eines über lange Jahre eingespielten, freundschaftlichen und für die Gäste vertrauten Teams, dass aus der Idee der Obstbrand-Cocktails ein richtiges Konzept geworden ist, das über viele Jahre gewachsen ist, noch immer wächst und schließlich überregionale Signalwirkung entwickelt hat. Durch die kreative Mitarbeit von Leuten wie Jonas Stein, Jan N. Jehli, Josh Gajek und Johannes Sorg ist aus dem Schoellmann'schen Drink-Stil ein Impuls geworden, das in der deutschen und deutschsprachigen Barkultur als die Pionierleistung angeht, wenn es um die Verarbeitung und Inszenierung von Fruchtbränden in Cocktails geht. Ein »Mixology Bar Award« für die »Barkarte des Jahres« im Jahre 2013 unterstreicht diese Leistung ebenso eindrucksvoll, wie der »Black Forest Bar Cup«, den Willi seit 2016 jährlich ausrichtet: Als einer der inzwischen wichtigsten Cocktailwettbewerbe in Deutschland kommen dann im Sommer stets einige der besten Barleute zusammen, um mit ihren schwarzwäldisch inspirierten Drinks zu begeistern. Natürlich nur selten ohne Obstbrand. Denn der liegt ja, siehe oben, irgendwie nah.

Nils Wrage

LE JARDIN
LOCAL MULE
LA CATRINA
THE PORTER

MILANO TORINO
COLD BREW
RIESLING
12% VOL
0,75L
L 9/2017

BAR

Die Texte sind aus der jeweiligen Sicht des Barmanns
betrachtet, der die Rezepte kreiert oder zusammengefasst hat, insbesondere
der vier großen „J“: Johannes, Jonas, Joshi und Jan N.

MARTINI DRY COCKTAIL

Zutaten

60 ml London Dry Gin

15 ml trockener Vermouth (gut gekühlt)

2 Dashes Orange Bitters

Glas

Cocktailglas

Garnitur

Grüne Olive oder Zitronenzeste

Der Martini Dry ist ein Klassiker internationaler Barkultur (Willis Meinung nach sogar der König aller Drinks). Das Rezept ist so genial wie einfach. Ein knackiger London Dry Gin und etwas trockener Vermouth verbinden sich zu einem knochentrockenen, starken und kompakten Drink. Trotz seiner Einfachheit existieren unzählige Rezepturen und Abwandlungen dieses Aperitifs.

Der Martini Dry gehört zu der Art von Drink, die dem Pur-Trinken am nächsten kommt. Die Basisspirituose steht wie in wenigen anderen Rezepten so sehr im Vordergrund, dass sie den Geschmack des Drinks vollkommen dominiert und von den übrigen Zutaten nur ganz sanft „geschliffen" wird. So simpel die Rezeptur auch ist, so kompliziert ist es dennoch, diesen Drink so gut zuzubereiten, wie er es verdient. Je weniger Zutaten, desto wichtiger ist die Qualität jeder Einzelnen. Und wie in kaum einem anderen Drink ist hier eine Sache von enormer Wichtigkeit: die Temperatur.

Zubereitung

→ Zunächst das Cocktailglas gut vorkühlen. Dies ist die Voraussetzung dafür, dass der Drink seine Temperatur beibehält, sobald er ins Glas gegeben wurde. Als Nächstes auch das Rührglas bis zum Rand mit Eis füllen und kaltrühren, bis es beschlägt. Nun den Vermouth unter fortwährendem Rühren ins Rührglas geben. In diesem Schritt werden das Eis und das Rührglas nur leicht mit dem Vermouth aromatisiert. Sobald der Vermouth sich schön verteilt hat, wird er mit dem entstandenen Schmelzwasser weggeschüttet. Das Eis sollte nun schön geschmeidig im eiskalten Rührglas liegen und leicht nach Wermut duften. An dieser Stelle gebt ihr den London Dry Gin und die Orange Bitters hinzu und rührt das ganze abermals knackig kalt. Seiht den Drink jetzt in euer vorgekühltes Cocktailglas ab und spritzt ihn entweder mit einer Zitronenzeste ab oder gebt eine grüne Olive in das Glas.

Tipp

→ Solltet ihr euch für die Olive entscheiden, verwendet in jedem Fall eine gut gewässerte grüne Olive aus der Salzlake.

Cheers.

50/50 MARTINI

Der 50/50 Martini wird mit den gleichen Zutaten zubereitet wie der Martini Dry Cocktail. Allerdings verschiebt sich das Verhältnis der Zutaten zueinander. Der Vermouth gewinnt an Gewicht, der Gin wird reduziert. Diese Veränderung sorgt für eine komplette Verschiebung der Balance. Der Vermouth gibt mehr Volumen. Die frische Wacholdernote des Gins wird etwas in den Hintergrund gestellt, der geringere Alkoholgehalt bringt deutlich mehr Zug. All das macht den 50/50 Martini zu einem großartigen Aperitif, besonders bei hohen Temperaturen oder an Abenden, an denen noch mehr auf den Trinkenden zukommt.

Zutaten

35 ml London Dry Gin

35 ml trockener Wermut (gut gekühlt)

2 Dashes Orange Bitters

Glas

Cocktailglas

Garnitur

Grüne Olive mit Stein

Zubereitung

⟶ Zunächst das Cocktailglas gut vorkühlen. Dies ist die Voraussetzung dafür, dass der Drink seine Temperatur beibehält, sobald er ins Glas gegeben wurde. Als Nächstes auch das Rührglas bis zum Rand mit Eis füllen und kaltrühren, bis es beschlägt. Nun alle Zutaten ins Rührglas geben und das Ganze knackig kaltrühren, in das vorgekühlte Cocktailglas abseihen und mit einer gewässerten Olive garnieren.

Cheers.

BADEN IN MARTINI

Dem Baden in Martini ging die Idee voran, den Geschmack eines klassischen Martinis, welcher auf französischem Vermouth und englischem London Dry Gin basiert, mit lokalen Produkten nachzuempfinden. Es ging nicht darum, den Geschmack des Königs aller Drinks zu imitieren, sondern vielmehr darum, unseren Gästen eine regionale Alternative zu diesem Klassiker zu bieten. Diese Version ist an Trockenheit dem großen Vorbild nachempfunden. Ein regionaler Vermouth bringt die erforderlichen Kräuternoten, eine winzige Menge knochentrockener Riesling die Mineralik.

Wie euch sicher bewusst ist, gibt es eine riesige Bandbreite an deutschen Gins, die in Bezug auf Aroma ein breites Spektrum abdecken. Um diesen Drink gut ins Glas zu bringen, empfehlen wir einen Gin mit möglichst klassischem Charakter zu wählen. Wir haben uns sogar zweierlei Gins bedient: einen für die Wacholdernote, einen für die typische Zitrusnote.

Zutaten

40 ml Needle Masterpiece

20 ml Monkey 47

15 ml knochentrockener Riesling

10 ml regionaler Wermut

Glas

Cocktailglas

Garnitur

Gepickelte badische Landgurke

Zubereitung

⟶ Zunächst das Cocktailglas gut vorkühlen. Dies ist die Voraussetzung dafür, dass der Drink seine Temperatur beibehält, sobald er ins Glas gegeben wurde. Als Nächstes auch das Rührglas bis zum Rand mit Eis füllen und kaltrühren, bis es beschlägt. Nun alle Zutaten ins Rührglas geben und das Ganze knackig kaltrühren, in das vorgekühlte Cocktailglas abseien und eine Scheibe gepickelte badische Landgurke ins Glas geben.

Cheers.

AL GREEN

Der Al Green bezeichnet für mich einen spannenden Punkt in meiner persönlichen Arbeit. Es handelt sich hier um den ersten wirklich eigenständigen Drink, den ich in der Schoellmanns Bar auf die Karte nahm. Eigenständig in dem Sinne, dass er weder in Bezug auf die Mengenverhältnisse noch auf die Aromatik der Zutaten auf einem Klassiker basierte. Wollte man ihn mit Klassikern ins Verhältnis setzen, so bewegte er sich wohl irgendwo zwischen einem Dry Martini und einem Martinez. Er ist sehr trocken, dicht und kräutrig, dennoch schlank und frisch, schmeckt wie ein Waldspaziergang bei frischer Luft. Der perfekte Drink für die Blue Hour.

Zutaten

40 ml trockener weißer Vermouth

20 ml weißer Quinquina

10 ml zitruslastiger London Dry Gin

5 ml Fichtensprossengeist

5 ml Kiefernnadellikör

Etwas Fleur de Sel

Zitronenöl

Glas

Cocktailglas

Garnitur

Zitronenöl

Zubereitung

⟶ Alle Zutaten außer dem Zitronenöl im Rührglas auf Eiswürfeln gründlich kaltrühren. Den Rand des Glases mit dem Zitronenöl benetzen und den Drink anschließend ins Glas abseihen.

Hausgemachtes Zitronenöl

⟶ Zitronenöl selbst herzustellen ist die einfachste Sache der Welt. Es bedarf lediglich zweier Zutaten: kaltgepresstes natives Olivenöl und einige schön reife Zitronen aus biologischem Anbau. Bei beiden Produkten empfehlen wir auf gute Qualität zu achten, denn je weniger Zutaten es bedarf, desto mehr fällt die Qualität jeder einzelnen ins Gewicht. Bestes Beispiel: das Butterbrot.

⟶ Die Zitronen werden zunächst gewaschen und anschließend sorgfältig geschält. Hierbei bitte unbedingt darauf achten, die Schale so dünn wie möglich abzuschälen, um so wenig wie möglich von der weißen Schicht zwischen der gelben Schale und dem Fruchtfleisch mitzunehmen, da diese mit der Zeit bitter wird. Die Zitronenschale nun in eine Flasche mit dem Olivenöl geben und dort so lange ziehen lassen, bis es euch ausreichend nach Zitrone schmeckt. Wir empfehlen, einmal pro Tag zu probieren.

⟶ Euer Öl leidet zum einen unter starker Sonneneinstrahlung, zum anderen unter Luftkontakt. Wir empfehlen daher, euer fertiges Öl in möglichst kleine Flaschen abzufüllen, dunkel zu lagern und nach Gebrauch direkt wieder fest zu verschließen.

OIL

ALTE BIRNE

Die Alte Birne ist ein perfekter Digestif, ein süßherber Drink, den man am besten anstatt eines Desserts oder zu einer frischen Tarte Tatin genießen sollte. Die Moor-Birne und die gelagerte Walnuss sind beide auch perfekt für den Purgenuss geeignet. Der weiße Portwein und der Honig setzen den Alkoholgehalt der Spirituosen herunter und verleihen dem Drink seine Tiefe. Abgerundet durch das Räuchern des Glases.

Zutaten

30 ml Moor-Birnenbrand

15 ml gelagerter Walnussgeist

15 ml weißer Portwein

10 ml Runny Honey

1 Dash Angostura Bitters

1 Barlöffel Buchenholz-Chips

Glas

Tumbler

Garnitur

Gedörrte Birnenscheiben

Zubereitung

⟶ Einen Barlöffel Buchenholz-Chips auf einem kleinen Teller mithilfe des Bunsenbrenners zum Glühen bringen und das Glas darüberstülpen. Die Zutaten nacheinander in ein mit Eis gefülltes Rührglas geben und ordentlich kaltrühren. Den geräucherten Tumbler mit frischen Eiswürfeln füllen und den Drink ins Glas abseihen. Mit gedörrten Birnenscheiben garnieren.

Runny Honey

⟶ Um Honig an der Bar besser verarbeiten zu können, wird er zu sogenanntem Runny Honey verarbeitet. Gemeint ist hiermit eine Mischung aus Honig und Wasser, die gewöhnlich zu zwei Teilen aus Honig, zu einem Teil aus Wasser besteht. Runny Honey ist einfacher zu dosieren, weniger dickflüssig und weniger süß. Vor allem aber ist seine Löslichkeit sehr viel besser als die von purem Honig.

⟶ Die Kehrseite der Medaille: Durch die Verdünnung lässt die Haltbarkeit nach. Wir empfehlen daher, Runny Honey stets gekühlt zu lagern.

B&B

Der B&B ist einer meiner liebsten Digestifs. Die Kombination aus Brandy und D.O.M Bénédictine harmoniert einfach perfekt. Auch wenn es sich hier um einen simplen 2-Zutaten-Drink handelt, so ist die Wahl des Brandys eine gewaltige Stellschraube, die den Drink in Süße und Charakter stark beeinflusst. Obwohl es sich hier um einen französischen Klassiker handelt, muss für diesen Drink nicht notwendigerweise ein französischer Weinbrand verwendet werden; auch beispielsweise spanische funktionieren ganz hervorragend. Gleichzeitig kann die Menge an Bénédictine den Drink in viele unterschiedliche Richtungen bringen. Wer es trockener mag, der kann den Anteil von Bénédictine so weit reduzieren, bis die Rezeptur in Richtung eines Brandy Old Fashioned geht. Wer in seinem Drink einen Dessertersatz sucht, der kann ihn getrost bis zu einem Drittel erhöhen. Eine süßere Version des Drinks empfehlen wir in der Cocktailschale zu servieren – eine trockenere on the rocks.

Zutaten

50 ml Brandy
(wir empfehlen einen leichten, jungen Cognac)

25 ml D.O.M Bénédictine

Glas

Cocktailschale
oder Tumbler

Garnitur

Orangenzeste

Zubereitung

⟶ Brandy und D.O.M Bénédictine im Rührglas auf reichlich Eis gründlich kaltrühren. Das Ergebnis in einen mit frischem Eis gefüllten Tumbler oder eine vorgekühlte Cocktailschale abseihen. Abschließend mit einer Orange abzesten.

BACK ON YOUR FEET

Der Back on your Feet ist ein kleiner, frischer, sehr animierender Drink, der danach verlangt, in wenigen Zügen getrunken zu werden. Frische Zutaten wie Rhabarber, Zitronengras und Minze in Kombination mit Champagner richten an heißen Sommertagen sofort wieder auf. Perfekt, wenn die Zeit für den Powernapp nicht reichen sollte. Der Name ist also Programm.

Zutaten

30 ml junger kubanischer Rum

¼ Limette

15 ml Rhabarberlikör
⟶ S.149

10 ml Rohrzuckersirup
⟶ S.40

3 Dashes Peychaud's Bitters

1 Schuss Champagner

Glas

Cocktailschale

Garnitur

keine

Zubereitung

⟶ ¼ frische Limette im Shaker zerstoßen (Vor allem die Schale gut zerdrücken, da die in ihr enthaltenen ätherischen Öle dem Drink eine schöne Bitterkeit geben). Rhabarberlikör, Zuckersirup, Minze, Zitronengras und Peychaud's Bitters hinzugeben. Den Drink anschließend mit viel Eis gut shaken, um die Zellstruktur der Limette aufzubrechen und so dafür zu sorgen, dass ihr Aroma in den Drink übergeht. Den Drink in eine vorgekühlte Cocktailschale abseihen und mit einem Schuss Champagner aufgießen.

Fertig.

BIRNE-INGWER-MOJITO

Zutaten

50 ml Williams Christ Brand

25 ml frisch
gepresster Limettensaft

20 ml Rohrzuckersirup

1 Dash Saline

1 Handvoll Minze

1 daumengroßes
Stück Ingwer

Soda zum Aufgießen

Glas

Highball

Garnitur

Minze, Ingwerscheibe

⟶ Für diese frische Interpretation des bekannten kubanischen Klassikers fangen wir mit dem Ingwer an, den wir in Scheiben schneiden und mithilfe eines Muddlers in einem ausreichend großen Highballglas zerstoßen.

⟶ Dann befreit ihr die Minzblätter von den Stängeln, nehmt eine Handvoll und klatscht sie zwischen euren Handflächen an. Gebt die Minze und die restlichen Zutaten außer das Soda in das Glas und füllt es bis zum Rand mit Eiswürfeln.

⟶ Füllt anschließend mit Soda auf und rührt vorsichtig um. Zur Garnitur einen schönen Minzzweig und Ingwerscheiben verwenden.

Rohrzuckersirup
⟶ Auch Läuterzucker oder Simple Syrup genannt bezeichnet lediglich die Mischung aus 1 Teil Wasser mit 1 Teil Zucker. Zum Beispiel erhitzt ihr 1 Liter Wasser mit 1 kg Zucker in einem Topf (aufkochen vermeiden, da sonst der Sirup nach dem Abkühlen wieder auskristallisiert) und rührt so lange, bis sich der Zucker vollständig aufgelöst hat.

⟶ In saubere Flaschen füllen und kühl lagern. Hält sich über viele Wochen im Kühlschrank.

Saline
⟶ Saline ist nichts anderes als eine Salzlösung. Das hilft gerade bei säurehaltigen Drinks, den Aromen einen Kick zu geben. Stellt euch das vor wie die Prise Salz beim Backen. Wir arbeiten gerne mit einer 20 % Salzlösung. Das heißt, ihr löst auf 100 ml kochendes Wasser 25 g Salz auf. Anschließend in kleinen Fläschchen lagern.

HIMBEER-PFEFFER-MOJITO

Für diese alkoholfreie Erfrischung schnell einen Himbeersirup gekocht oder einen qualitativ hochwertigen gekauft und los geht's.

Zutaten

30 ml frisch gepresster Limettensaft

25 ml Himbeersirup

1 Dash Saline
⟶ S.40

3 Dashes Orangenbitter

3 Prisen frisch gemahlener Pfeffer

1 Handvoll Minze

Soda zum Auffüllen

Glas

Highball

Garnitur

Minzspitze und Himbeeren

Zubereitung

⟶ Drei Prisen frisch gemahlener Pfeffer in euer Glas, die Minzblätter von den Stängeln befreien, zwischen euren Handflächen anklatschen und mit in das Glas.

⟶ Die restlichen Zutaten bis auf das Soda mit dazugeben und das Glas mit Würfeleis auffüllen.

⟶ Mit Soda auffüllen, wobei die Menge Soda so um die 90 – 110 ml betragen sollte, und vorsichtig umrühren, aber so, dass sich die Zutaten gut vermengen.

⟶ Die Minzspitze anklatschen und auf dem Drink drapieren. Mit Himbeeren und gegebenenfalls etwas frischem Pfeffer garnieren und fertig.

Himbeersirup

⟶ Himbeersirup kann man in guter Qualität kaufen. Fleißige kochen aber selbst, dafür Himbeeren durch ein feines Sieb passieren. Dann den gewonnenen Saft mit Zucker zu einem einfachen Sirup kochen. Zum Beispiel löst ihr in 200 ml Saft 200 g Zucker in einem Topf unter Hitze und rührt, nicht aufkochen lassen, um ein Auskristallisieren zu vermeiden. Den Sirup in einen Behälter füllen und kühl lagern. Hält sich bei sauberem Arbeitsmaterial mindestens zwei Wochen.

BLACK GOLD

Zutaten

10 ml Walnusslikör
⟶ S.177

20 ml Orange Wine

30 ml gelagerter Wermut

1 Dash Walnussbitters

3 Tropfen Walnussöl

Glas

Cocktailschale

Garnitur

Walnussöl

Direkt neben den Offenburger Bahngleisen verläuft die Wilhelmstraße. Sie beginnt im Stadtkern und verläuft immer weiter stadtauswärts in Richtung Ortenberg. Im Stadtkern sind am Rand der Wilhelmstraße Lindenblüten und sehr viel wilder Holunder zu finden. Je weiter man sich vom Stadtkern entfernt, desto mehr Walnussbäume trifft man an, aus deren grünen Früchten wir im Frühjahr einen traumhaften Walnusslikör angesetzt haben. Es bedarf nur zwei weiterer Zutaten, um diesen Drink ins Glas zu bringen: Orange Wine und gelagerten Wermut. Unser Orange Wine kommt aus Fessenbach. Es handelt sich hierbei um einen Weißwein, der durch ungewöhnlich lange Maischestandzeit reich ist an Gerbstoffen und Kernigkeit. Den Wermut lagern wir selbst in kleinen Eichenfässern, er ist allerdings auch direkt im Einzelhandel zu finden. Alle drei Zutaten verbinden sich kaltgerührt zu einem sehr harmonischen Drink mit Aromen von Nuss, Frucht, Hefe und Holz.

Zubereitung
⟶ Alle Zutaten in ein Rührglas geben und dieses mit ausreichend Eis füllen. Den Drink dann unter ständigem Rühren so weit herunterkühlen, bis das Rührglas beschlägt. Unter Zuhilfenahme eines Barsiebes den Drink nun in eine vorgekühlte Cocktailschale geben und einige Tropfen Walnussöl auf den Drink setzen.

Fertig.

BLÖDE JUANITA

Die Blöde Juanita, eine Abwandlung der klassischen Bloody Mary, war ein Versuch, für eine gute Freundin eine Bloody Mary ohne konventionellen Tomatensaft zu mixen. Da ich keinen Tomatensaft zur Hand hatte, nahm ich mir eine Handvoll Kirschtomaten, um dem Ganzen seinen klassischen Charakter zu geben. Für die Balance kam das übliche Spiel von Zuckersirup und Zitrussaft hinzu. Da ich meine Bloody Mary lieber mit Tequila statt Vodka trinke, war die Wahl der Spirituose ebenfalls klar. Nach ein paar Spielereien kam ich dann zu diesem Rezept und meine Stammgäste und ich trinken inzwischen lieber diese Variante.

Die Bloody Mary ist einer meiner Lieblings-Hangover-Drinks, sie besteht aus Vodka, Tomatensaft und einer Staudenselleriestange und wird nach Belieben mit Salz, Pfeffer, Tabasco und Worcestersauce gewürzt. Am besten genießt man sie zu einem deftigen Hangover-Frühstück.

Zutaten

50 ml Sellerie-Tequila

30 ml frisch gepresster Limettensaft

20 ml Rohrzuckersirup
→ S.40

3 Dashes Habanero-Shrub

1 Prise Salz

8 Kirschtomaten

Glas

Tonbecher

Garnitur

Staudenselleriegrün

Zubereitung

→ Die Kirschtomaten im Shaker gut zerstoßen. Anschließend die restlichen Zutaten in den Shaker geben, mit Eis auffüllen und alles für ca. 20 Sekunden sehr kräftig shaken. Im Anschluss in einen schönen Tonbecher doppelt abseihen. Mit etwas Selleriegrün garnieren.

→ Wenn ihr euch die Produktion des Sellerie-Tequilas sparen wollt, gebt einfach einige Stücke Staudensellerie mit zu den Tomaten in den Shaker und zerstoßt sie gemeinsam.

Sellerie-Tequila

1 l Tequila, 200 g Staudensellerie

→ Den Staudensellerie fein hacken und für 24 Stunden in Tequila einlegen. Anschließend durch ein Passiertuch absieben. In saubere Flaschen abfüllen und kühl lagern.

BOULEVARDIER

Der Boulevardier ist einer der ganz großen französischen Klassiker und gewissermaßen der große, etwas rauere Bruder des Negroni. Im Unterschied zum Negroni wird für diesen Drink Rye Whisky anstelle von Gin verwendet. Dieser Wechsel der Spirituose bringt den Drink geschmacklich weg von einer Leichtigkeit hin zu einer Würze, die ihm den Charakter eines robusten Nachtdrinks gibt. Ich stelle ihn daher fast mit Manhattan und Old Fashioned auf die Ebene handfester Drinks für Fortgeschrittene.

Zutaten

30 ml Rye Whisky

30 ml Vermouth Rot

30 ml Campari

Glas

Tumbler

Garnitur

Orangen- oder Zitronenzeste

Zubereitung

⟶ Alle Zutaten im Rührglas gründlich auf reichlich Eis kaltrühren. Das Ergebnis in einen mit frischem Eis gefüllten Tumbler abseihen. Abschließend mit einer Orange oder Zitrone abzesten.

BRAMBLE

Zutaten

60 ml London Dry Gin

30 ml frisch gepresster Zitronensaft

20 ml Rohrzuckersirup
⟶ S.40

6 vollreife Brombeeren

Glas

Tumbler

Garnitur

frische Brombeere

Wir versuchen in diesem Buch grundsätzlich, die Rezepte klassischer Drinks möglichst originalgetreu wiederzugeben. Streckenweise eine große Herausforderung. Drinks existieren unter anderem bereits seit vielen Jahrzehnten und wurden seither in verschiedensten Bars auf unterschiedlichste Art und Weise zubereitet. Die erste Rezeptur ausfindig zu machen ist bisweilen schwierig bis unmöglich. Vielleicht aber ist sie auch gar nicht so wichtig. Den Bramble bereiten wir aus Liebe zur badischen Brombeere ohne Brombeerlikör und ausschließlich mit vollreifen Brombeeren zu. Daher ist dieser Drink bei uns auch nur zwei bis drei Wochen im Jahr zu bestellen. In Bezug auf den Geschmack sind Brombeeren eines der zickigsten Produkte überhaupt. Zwei Beeren vom selben Strauch, von selber Farbe und Größe können völlig unterschiedlich schmecken. Daher unser Ratschlag: beständig probieren.

Zubereitung

⟶ Zunächst die Brombeeren in den Shaker geben und zerstoßen. Dann Zuckersirup, Zitronensaft und Gin zugeben und mit großzügig Eiswürfeln schön kaltshaken. Doppelt in einen mit frischen Eiswürfeln gefüllten Tumbler abseihen und mit frischen Brombeeren garnieren.

Cheers.

BUMBLEBEE

Der Bumblebee ist ein sehr dichter, aromatischer und alkoholfreier Drink auf Basis von Rosmarin, Sanddorn, Apfel und Honig. Er entstand aus dem Versuch heraus, die alkoholfreien Drinks in Bezug auf ihr Aroma kompakter zu machen. Wir wollten weg von der Art alkoholfreier Drinks, die immerzu an Limonade erinnerten und letzten Endes alle gleich schmeckten. Dieser Drink sollte im Aroma so dominant sein, dass der Trinker den Alkohol im besten Falle nicht vermisste.

Wie jeder weiß, der je sein Gesicht in einen Rosmarinbusch gesteckt hat (wer es noch nicht getan hat, dem sei es hiermit wärmstens empfohlen), ist dieses Kraut enorm aromatisch und die Kombination mit Apfel und Sanddorn hat sich schon oft bewährt. Der Honig bringt eine Komplexität und Süße und der Sanddorn Kernigkeit und Säure. Aufgrund der Textur des Sanddorns muss dieser Drink besonders hart geshaked und zügig getrunken werden, um ein Ausflocken zu verhindern.

Geschmacklich nimmt jeder Drink ab dem Moment, in dem er serviert wird, kontinuierlich ab. Im Falle dieses Drinks ist das nicht nur geschmacklich, sondern auch visuell wahrnehmbar, da der Sanddorn dazu neigt, sich nach einiger Zeit von den übrigen Zutaten des Drinks zu trennen. Gleichermaßen gibt er aber eine wundervoll samtige Textur mit großartigem Aroma. Daher verzeihen wir ihm seine Zickigkeit gerne.

Zutaten

35 ml Sanddorndicksaft

80 ml Apfelsaft

30 ml frisch gepresster Zitronensaft

10 ml Rohrzuckersirup
⟶ S.40

1 Rosmarinzweig

10 ml Runny Honey
⟶ S.34

Glas

Tumbler

Garnitur

Rosmarin und Apfelscheibe

Zubereitung

⟶ Alle Zutaten in den kleinen Teil eines Shakers geben, diesen bis zum Rand mit Eiswürfeln füllen, verschließen und gut shaken, um die Zutaten miteinander zu verbinden und dem Rosmarin sein Aroma zu entlocken. Sobald der Shaker beschlägt, einen vorgekühlten Tumbler bis zum Rand mit Eiswürfeln füllen, den Shaker öffnen und den Drink einfach unter Zuhilfenahme eines Barsiebes in das vorgekühlte Glas geben und mit etwas Rosmarin und einer Apfelscheibe garnieren. Fertig.

BUTTERBIRNE

Dieser Drink ist aufgrund der Kombination aus Buttermilch und Birne besonders spannend. Frucht und Volumen erhält er durch einen hausgemachten Birnen-Goldbrand und klares Birnenwasser aus Durbach. Das eine gibt Süße und Volumen, das andere Geradlinigkeit und Struktur.

Verschiedene Zutaten, die an der internationalen Bar Verwendung finden, sind in unserer Region unterschiedlich schwer zu ersetzen, wenn man auf Importe verzichten möchte.

Eine besondere Herausforderung stellen hierbei die Säurequellen dar. Dieser Drink funktioniert mit der Säure von Buttermilch. Sie ist sehr dezent und bringt ein schön cremiges Mundgefühl mit sich, ohne den Drink schwer zu machen.

Das Gesamtergebnis ist angenehm frisch, süß-säuerlich und samtig im Mund.

Zutaten

20 ml Birnen-Goldbrand

20 ml Williams Christ Brand

30 ml Buttermilch

15 ml Runny Honey
⟶ S.34

5 ml Rye Whiskey

Glas

Tumbler

Garnitur

Gedörrte Birnenscheibe

Zubereitung
⟶ Alle Zutaten in den kleinen Teil des Shakers geben, diesen bis zum Rand mit Eiswürfeln füllen, verschließen und gut shaken, um die Zutaten miteinander zu verbinden. Sobald der Shaker beschlägt, einen vorgekühlten Tumbler bis zum Rand mit frischen Eiswürfeln füllen, den Shaker öffnen und den Drink einfach unter Zuhilfenahme eines Barsiebes ins Glas geben. Abschließend mit einer gedörrten Birnenscheibe garnieren.

Fertig.

Birnen-Goldbrand
⟶ Der Birnen-Goldbrand ist denkbar einfach herzustellen. Nehmt den Birnenbrand (700 ml klarer Birnenbrand) des Brenners eures Vertrauens. Glasklar sollte er sein, aromatisch und geradlinig. Nun schneidet die reifsten Birnen (800 g vollreife Birnen), die ihr finden könnt, in schmale Scheiben. So saftig und süß wie möglich sollten sie sein – und legt sie in euren Birnenbrand ein. Das Ganze in ein verschließbares Gefäß füllen. Nun kühl und dunkel lagern, bis die Fruchtsüße der Birnen in die Spirituose übergegangen ist. Dies ist nach ca. 14 Tagen der Fall. Die Früchte anschließend abpassieren und die Spirituose in saubere Flaschen abfüllen und kühl lagern.

CHAMPAGNER COCKTAIL

Zucker, Bitters und Champagner? Was für ein Drink! Es gibt wohl kaum ein Getränk, das edler und einfach immer nur köstlich ist, trotz der simplen Zubereitung.

Zutaten

1 Würfelzucker

4 Dashes Angostura Bitter

15 ml Cognac

eiskalter Champagner zum Aufgießen

Glas

Champagnerglas

Garnitur

Zitronenzeste

Zubereitung

→ Begonnen wird mit dem Würfelzucker, den ihr im Glas mit dem Cognac und dem Bitter tränkt. Habt ihr keinen Zuckerwürfel zur Hand, empfehlen wir einen Teelöffel Rohrzucker.

→ Im Anschluss den getränkten Zuckerwürfel mit dem Barlöffel anstoßen und mit eiskaltem Champagner aufgießen. Mit einer Zitrone abzesten. Fertig.

→ Anstelle des Cognacs funktioniert der Drink auch hervorragend mit anderen Weinbränden, Whisk(e)ys oder gereiftem Rum. Man kann die Spirituose auch komplett weglassen.

CHARTREUSE SWIZZLE

Dieser Lieblingsdrink, der 2003 in San Francisco das Licht der Welt erblickte, spielt mit einer alten Technik, dem Swizzlen, das in Verbindung mit den ersten Eishäusern der Karibik auf das frühe 19. Jahrhundert zurückgeht. Mit einem Swizzlestick wurden Getränke mit gestoßenem Eis so lange geswizzled, bis das Gefäß von außen mit einer dünnen Eisschicht beschlagen war.

Ein Swizzlestick ist ein mehr oder weniger gerades Stück Holz, das mit Astverzweigungen an einem Ende wie eine Art Schneebesen funktioniert und zwischen den Handflächen gerieben viel Bewegungsenergie in die Zubereitung bringt. Wer keinen Swizzlestick zur Hand hat, benutzt am besten einen Barlöffel, der wie ein Swizzlestick zwischen den Handflächen gerieben wird.

Zutaten

50 ml Chartreuse Verte

30 ml frisch gepresster Limettensaft

20 ml Falernum

40 ml frisch gepresster Ananassaft

1 Dash Saline
⟶ S.40

Glas

Highballglas

Garnitur

Minzzweig & Muskatnuss

Zubereitung

⟶ Zunächst alle Zutaten ins Glas geben, den Swizzlestick oder Barlöffel ins Glas stellen und mit Crushed Eis auffüllen. Den Swizzlestick zwischen den Handflächen reiben, sodass das Ende ordentlich rotiert und sich die Zutaten gut vermischen.

⟶ Sobald das Glas beschlägt, ist die gewünschte Temperatur erreicht.

⟶ Noch mal das Glas mit Eis auffüllen und mit dem Minzzweig garnieren und frisch geriebener Muskatnuss würzen. Fertig.

⟶ Sollte sich kein Crushed Eis finden lassen, empfehlen wir einige Eiswürfel in ein stabiles Küchentuch einzuschlagen und diese mit einem robusten Gegenstand auf einer festen Unterlage gründlich zu zerstoßen.

Selbstgemachter Falernum:
Zutaten: 400 ml jamaikanischer Rum, 1 Nelke, 1 Kardamom, 1 Sternanis, 1 Zimt, Mark einer Vanilleschote, 20 g Ingwer (in schmale Scheiben geschnitten), Schale einer unbehandelten Limette, 400 ml Rohrzuckersirup ⟶ S.40

⟶ Falernum bezeichnet einen Kräuter-Gewürzlikör auf Rumbasis, der in so manchem karibischen Drink Verwendung findet. Es gibt ihn in guter Qualität zu kaufen. Wer fleißig ist, kann ihn allerdings auch selbst machen. Die Basis für diesen Likör bildet jamaikanischer Rum. Wir empfehlen, Wray & Nephew Overproof mit Smith & Cross zu gleichen Teilen zu mischen. In den Rum werden nun Nelke, Kardamom, Sternanis, Zimt, Vanillemark, Ingwer und die Limettenschale für 24 Stunden eingelegt. Das Ergebnis anschließend durch ein Passiertuch filtern und mit dem Rohrzuckersirup süßen. In saubere Flaschen abfüllen und kühl lagern.

CHILL&TONIC

Zutaten

50 ml Botanical Essenz

150 ml Dry Tonic

Glas

Highball

Garnitur

Zitronenzeste

Mit der Eröffnung der Bar im Haus Zauberflöte Ende 2014 haben wir uns überlegt, wie großartig eine Longdrinkvariante des Gin&Tonic ganz OHNE wäre. Nach einigen Testläufen verschiedener Botanical-Mischungen nach den großen Ginhäusern wie z. B. Beefeater, Gordon's und Bombay Sapphire fiel die Wahl auf die Zutaten, welche auch den Plymouth Gin ausmachen.

Wir haben daraus eine DIY-Variante entwickelt: Dried Out Gin – wer hat's erfunden?

Zusammen mit Tonic, einfach nur CHILL!

Zubereitung

⟶ Alkoholfreien Gin in ein bis zum Rand mit Eiswürfeln gefülltes Highballglas geben und mit Tonic aufgießen.

⟶ Mit einer Zitronenzeste abspritzen. Fertig.

Zutaten

90 g Wacholderbeeren

45 g Koriandersaat

9 g Angelikawurzel

12 g trockene Orangenschale

6 g frische Zitronenschale

6 g trockene Zitronenschale

12 g Iriswurzel

12 g Kardamom, grün, ohne Schale

400 ml gefiltertes Wasser

3 g Agar Agar

1600 ml gefiltertes Wasser

Botanical Essenz AKA Chill

⟶ Zunächst die Gewürze mit den 400 ml gefiltertem Wasser vakuumieren und bei Kellertemperatur für 24 Stunden ziehen lassen.

⟶ Das aromatisierte Wasser nun mittels eines Passiertuches von den Gewürzen trennen, 1600 ml Wasser zugeben und Agar Agar einrühren. Anschließend aufkochen und 10 Minuten köcheln lassen. Sobald sich das Agar Agar gelöst hat, die Flüssigkeit 2,5–3,0 cm hoch in einen flachen Behälter gießen und diese in der Kühlung gelieren lassen.

⟶ Das entstandene Gelee in drei Blöcke schneiden und diese vakuumieren und einfrieren. Sobald diese durchgefroren sind, über einem Kaffeefilter auftauen und die entstehende klare Flüssigkeit auffangen.

⟶ Diese in saubere Flaschen abfüllen und kühl lagern. Fertig.

CROCODILE DUNDEE

Dieser Drink erhielt seinen Namen durch seine Farbe und Bissigkeit. Chili und grüne Paprika ergeben im Zusammenspiel mit Tequila, Mezcal, Agavendicksaft und Limette eine wunderschöne Aromatik. Der Drink gibt durch seine Schärfe einen guten Kick und ist imstande, euch auch am späten Abend noch einmal aufzurichten.

Zutaten

½ entkernte grüne Paprika

15 ml hausgemachter Chililikör

10 ml Agavendicksaft

30 ml frisch gepresster Limettensaft

20 ml Mezcal

30 ml Tequila

2 Dashes Saline
⟶ S.40

ggf. etwas grüner Tabasco

Glas

Tumbler

Garnitur

Jalapeño und Paprikakerne

Zubereitung

⟶ ½ entkernte grüne Paprika im Shaker zerstoßen. Chililikör, Agavendicksaft und Limettensaft hinzugeben. Das Verhältnis zwischen Tequila und Mezcal kann individuell an den eigenen Geschmack angepasst werden.

⟶ Wir empfehlen den Mezcal allerdings nicht überzudosieren, da er der grünen Paprika gerne die Schau stiehlt. Mezcal und Tequila also im gewünschten Verhältnis hinzugeben und den Drink mit zwei Dashes Saline abrunden. Wir empfehlen den Inhalt des Shakers an diesem Punkt zu probieren, um die Schärfe ggf. noch mit etwas Tabasco nach eigenem Geschmack zu steigern. Den Drink anschließend mit viel Eiswürfeln gut shaken, um die Zellstruktur der Paprika aufzubrechen und so dafür zu sorgen, dass ihr Aroma in den Drink übergeht. Den Drink nun in einen mit frischen Eiswürfeln gefüllten Tumbler abseihen und mit einer Jalapeño garnieren. Cheers!

Hausgemachter Chililikör

⟶ Die Basis für unseren Chililikör besteht zu 600 ml aus unserem Lieblingsvodka und zu 400 ml aus unserem Lieblingstequila. Diese Mischung wird mit 100 g dünn gehackten roten Chilischoten für drei Tage in verschlossenen Einmachgläsern lichtgeschützt beiseite gestellt. In dieser Zeit nimmt der Alkohol das Aroma der Chilischoten gut auf. Das Ergebnis wird dann abgesiebt und mit 500 ml gefiltertem Wasser auf einen angenehmen Alkoholgehalt reduziert (Dieser variiert natürlich abhängig vom Alkoholgehalt der von euch verwendeten Spirituose).

⟶ Das Süßen mit Agavendicksaft überlassen wir dann ganz eurem Geschmack. Allerdings möchten wir darauf hinweisen, dass dieser Likör unserer Meinung nach am besten eiskalt genossen wird und dass die Süße bei diesen Temperaturen sehr in den Hintergrund tritt. Es ist also gut möglich, dass die Süße bei Raumtemperatur für euch passend ist, nach dem Kühlen des Likörs aber zu schwach wirkt. In diesem Fall einfach nachsüßen. Wir wünschen viel Vergnügen.

DER BLAUE GÄRTNER

Zwetschge, Salbei, Mezcal, Salz, Olivenöl, Sherry – klingt nach Erklärungsbedarf. Ein sehr komplexer Drink mit einigen Zutaten, von denen allerdings jede einzelne einen konkreten Zweck erfüllt.

Wir beginnen mit der Zwetschge: Frucht, Kraft und im Falle des Zwetschgenwassers, das wir verwenden, auch eine schöne Nussigkeit. Die Zwetschge dominiert den Drink und macht ihn aus. Ergänzt wird das Ganze durch eine kleine Menge Mezcal. Ein absoluter Bruch mit meinen sonstigen Bemühungen, die Zutaten im Bezug auf ihre Herkunft irgendwie zusammenzuhalten, doch es harmoniert schlichtweg so großartig, dass wir gerne darüber hinwegsehen. Die Rauchigkeit des Mezcal untermalt die Frucht der Zwetschge und gibt ihr gleichzeitig einen einzigartigen Schliff. Der Salbei ist verantwortlich für die Würze und bringt gleichzeitig eine schön ätherische Note in den Drink. Salz greift Mezcal, Sherry und der Limette unter die Arme und bringt sie im Drink etwas weiter nach vorn. Es bleibt der Sherry, der mit seinen oxidativen Noten und seiner trockenen Leichtigkeit den Drink etwas entspannt und verlängert, gleichzeitig aber auch den Zug gibt. Und zu guter Letzt das Olivenöl. Es harmoniert sehr schön mit Sherry und Zwetschge und mildert gleichzeitig ihren typischen Biss etwas ab. Wegen der tollen Textur des Olivenöls sei zu diesem Drink übrigens ein Kuss wärmstens empfohlen. Viel Vergnügen.

Zutaten

30 ml Zwetschgenwasser

10 ml Mezcal

30 ml Sherry Fino

15 ml frisch gepresster Limettensaft

15 ml Rohrzuckersirup
⟶ S.40

5 ml Olivenöl

2 Salbeiblätter

1 Dash Saline
⟶ S.40

Glas

Tumbler

Garnitur

Olivenblätter

Zubereitung

⟶ Zunächst den Salbei im kleinen Teil eines Shakers anstoßen, um sein Aroma zu verstärken. Anschließend alle übrigen Zutaten der Reihe nach in den Shaker geben. Diesen nun großzügig mit Eiswürfeln füllen und kräftig shaken. Da Öl nicht wasserlöslich ist, ist hier viel Kraft gefragt, um alle Zutaten schön miteinander zu verbinden. Sobald der Shaker beschlägt, den Drink doppelt in einen mit frischen Eiswürfeln gefüllten Tumbler abseihen und mit Olivenblättern garnieren.

Zum Wohl.

Drinks

A Pfarrstraße
Selbst geerntete Feigen
Badischer Südwein
Trockener Wermut
Durbacher Zibarte
Ortenberger Riesling

B Grabenallee
Infusion aus eigenen Rosen
Hausgemachter Wermut
Hausgemachter Rhabarberlikör

C An der Bleiche
Hausgemachter Mirabellen-Goldbrand
Eigene Walnuss
Gedörrte Mirabellen vom Mühlbach

D Gottesacker
Offenburger Honig
Buttermilch aus Schwanau
Hausgemachter Birnen-Goldbrand
Durbacher Birnenwasser

E St. Ursula
Brombeercordial aus eigener Ernte
Badischer Gin
Badischer Rosé Wermut
Ortenberger Sauvignon Blanc

F Weingartenstraße
Hausgemachter Zwetschgen-Goldbrand
Badischer Gin
Zweierlei Roter Wermut
Kirschlikör

G Wilhelmstraße
Walnusslikör aus eigener Ernte
Walnussöl aus Oberkirch
Orange Wine aus Fessenbach
Eigener fassgelagerter Wermut

H Lindenplatz
Hausgemachte Ingwerlimonade
Durbacher Birnenbrand
Badische Landgurke
Dill, Verjus

I Sonnengasse
Hausgelagerter Apfelbrand
Apfeldicksaft aus eigener Ernte
Hausgemachte Walnussbitters

J Philosophenweg
Eigener Holunderblütensirup
Badische Landgurke
Verjus
Soda
Tonic

K In den Feldreben
Eigener Quittensirup Oktober 2019
Limettenwasser
Soda

L Bühlensteinstraße
Selbst geerntete rote Trauben
Badischer Honig
Zitrone
Ingwerlimonade

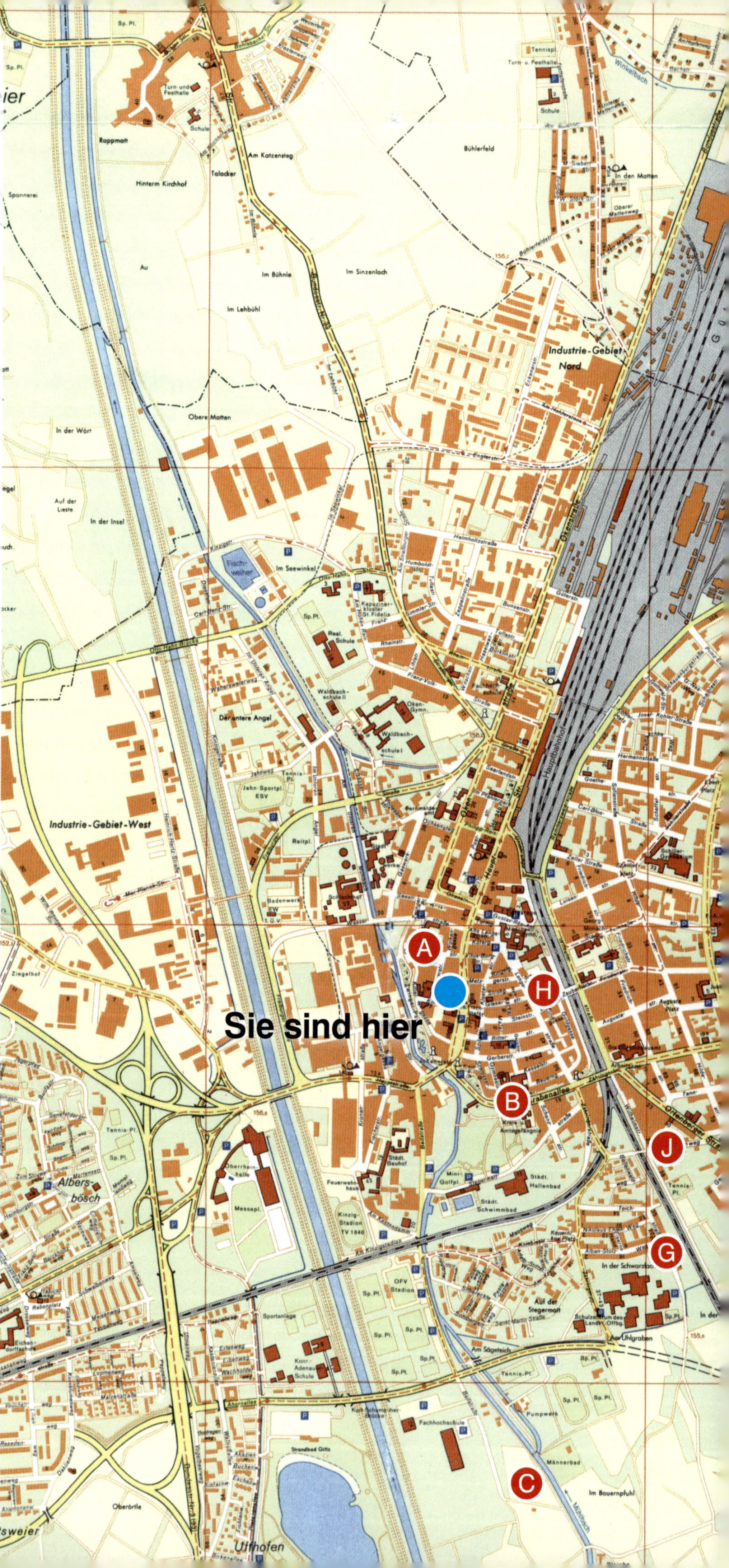

Langenbosch
Unterweiler
Kreisversuchsgarten
Kühlager
Offbg.-Rammersweier
Weierbach
Zell
Offbg.-Zell-Weierbach
Hasengrund
Riedle
Offbg.-Fessenbach
Albersbach
Fußberg
Fessenbacher Straße
Ortenberger Straße
F
K
E
L
I

DER WEISE BADENER

→ Für diese badisch inspirierte Version unseres geliebten Old Cubans zuerst die Minzblätter von den Stängeln trennen und in den Shaker geben.

→ Nun die restlichen Zutaten bis auf den Sekt ebenfalls hinzugeben und das Ganze mit ausreichend Eiswürfeln kräftig shaken. Durch ein feines Sieb doppelt in das vorgekühlte Glas abseihen. Im Anschluss mit eiskaltem Rieslingsekt aufgießen.

→ Den Drink mit dem Minzzweig garnieren und fertig.

Zutaten

50 ml gereifter Apfelbrand

30 ml frisch gepresster Zitronensaft

25 ml Runny Honey
→ S.34

1 Dash Saline
→ S.40

3 Dashes Angostura Bitters

½ Handvoll Minzblätter

sehr trockener Rieslingsekt zum Aufgießen

Glas

Cocktailschale

Garnitur

Minzzweig

DICKE BERTHA

Dieser Drink ist unsere badische Antwort auf den beliebten Pariser Cocktail, den French 75 (Rezept siehe unten).

Wir tauschten den Gin gegen Mirabellenbrand und Champagner gegen einen sehr trockenen Rieslingsekt und heraus kam die Dicke Bertha.

Zutaten

50 ml Mirabellenbrand

30 ml frisch gepresster Zitronensaft

25 ml Rohrzuckersirup → S.40

1 Dash Saline → S.40

sehr trockener Rieslingsekt zum Aufgießen

Glas

Cocktailschale

Garnitur

Zitronenzeste

Zubereitung

→ Hierfür alle Zutaten bis auf den Sekt in einem Shaker mit ausreichend Würfeleis kaltshaken und doppelt durch ein feines Sieb in das vorgekühlte Glas strainen. Anschließend mit dem eiskalten Sekt aufgießen und einer Zitronenzeste abspritzen.

Zum Wohle!

Rezept French 75

30 ml London Dry Gin
20 ml frisch gepresster Zitronensaft
15 ml Rohrzuckersirup → S.40
eiskalter Champagner zum Aufgießen

DON CAMILLO

⟶ Die halbe Grapefruit klein schneiden und in einem Shaker mit einem Muddler zerstoßen. Anschließend die restlichen Zutaten bis auf das Soda zugeben und mit ausreichend Eiswürfeln kräftig shaken.

⟶ Im Anschluss einen Schuss Soda in den Shaker geben und den Drink durch ein feines Sieb doppelt in ein mit frischen Eiswürfeln gefülltes Highballglas abseihen und mit einem Grapefruit-Schnitz garnieren.

Cheers.

Roter Vermouth, infusioniert mit Kamillenblüten:
⟶ 500 ml roten Vermouth mit 10 g Kamillenblüten für 24 h bei Zimmertemperatur zugedeckt ziehen lassen. Anschließend durch einen Kaffeefilter abseihen, in saubere Flaschen abfüllen und kühl lagern.

Zutaten

50 ml roter Vermouth, infusioniert mit Kamillenblüten

10 ml Topinambur

25 ml frisch gepresster Limettensaft

15 ml Runny Honey
⟶ S.34

1 Dash Saline
⟶ S.40

½ Pink Grapefruit

Soda zum Aufgießen

Glas

Highball

Garnitur

Grapefruit-Schnitz

EAST INDIA COMPANY

Der East India Company ist eine Abwandlung eines Scotch Sours, dem einige orientalische Zutaten etwas mehr Würze und Exotik geben. Neben Scotch, Zitrone und Zuckersirup geben wir frisch gepressten Apfelsaft, Zitronengras, Ingwer, Pfeffer und Honig hinzu. Ein perfekter Herbstdrink mit schöner Würze.

Zutaten

60 ml Blended Scotch Whisky

30 ml frisch gepresster Apfelsaft

15 ml Runny Honey → S.34

10 ml Rohrzuckersirup → S.40

20 ml frisch gepresster Zitronensaft

5 ml frisch gepresster Ingwersaft

1 Stange Zitronengras

1 Prise Pfeffer

kandierter Ingwer

Glas

Tumbler

Garnitur

Zitronengras, Pfeffer, kandierter Ingwer

Zubereitung

→ Zunächst die Stange Zitronengras der Länge nach aufschneiden und im Shaker mit dem Stößel andrücken, um die Aromen freizusetzen. Anschließend alle weiteren Zutaten außer Pfeffer und kandiertem Ingwer hinzugeben und das Ganze mit ausreichend Eiswürfeln so stark wie möglich shaken. Den Drink dann in einen mit frischem Würfeleis gefüllten Tumbler abseihen. Mit einer Pinzette die Reste des Zitronengrases aus dem Shaker nehmen und auf dem Drink drapieren. Abschließend noch einen Cocktailspieß mit kandiertem Ingwer auf den Drink legen, eine Prise Pfeffer aus der Mühle und fertig.

ERDBEER-MIRABELLEN-CAIPIRINHA

Diese badische Spielart des bekannten brasilianischen Klassikers hat unseren Gästen und uns immer große Freude bereitet.

Zutaten

50 ml Mirabellenwasser

25 ml Rohrzuckersirup
⟶ S.40

1 Dash Saline
⟶ S.40

1 unbehandelte Limette

3 – 4 frische,
vollreife Erdbeeren

Glas

großer Tumbler

Garnitur

frische Erdbeere

Zubereitung

⟶ Dazu nehmt ihr eine große reife Limette. Am besten, ihr rollt sie mit eurer Handfläche und nicht zu wenig Druck noch ein paarmal auf eurer Arbeitsfläche oder einem Tisch. Dadurch brecht ihr die Zellwände des Fruchtfleischs schon ein wenig auf und der Saft lässt sich leichter extrahieren. Die Limette aufschneiden, ich zwölftel gerne, aber das ist auch jedem selbst überlassen.

⟶ Die aufgeschnittene Limette in einem Shaker mit einem Muddler kräftig zerstoßen.

⟶ Die gewaschenen und geputzten Erdbeeren klein schneiden und hinzugeben. Mit den restlichen Zutaten und Würfeleis kräftig shaken und den kompletten Inhalt des Shakers in das Glas geben.

Fertig.

ESPRESSO MARTINI

Wir sind der Ansicht, dass hierzulande viel zu viele viel zu süße Espresso Martinis über die Tresen gehen und bitten um Verständnis dafür, dass auch im Falle dieses Drinks unser Rezept ein wenig vom Original abweicht. Wir geben dem Drink etwas mehr geschmackliche Breite, damit er nicht ausschließlich von Kaffee beherrscht wird. Dem Kaffee stellen wir Datteldicksaft und etwas schwarze Walnuss entgegen. Das gibt Rückgrat und Würze. Dieser Drink eignet sich für zweierlei ziemlich gut: zum einen als kleiner Muntermacher am späten bis sehr späten Abend, zum anderen als Pick-me-up-Drink am späten Vormittag. Die Kombination aus Zucker, Alkohol und Koffein bringt euch in beiden Fällen im Handumdrehen wieder auf die Beine. Bisweilen so ruckhaft, dass es fast wehtut.

Zutaten

50 ml Vodka

10 ml Datteldicksaft

10 ml hausgemachter Kaffeelikör
⟶ S.176

2 Dashes Walnussbitters

1 Espresso

Glas

Cocktailschale

Garnitur

keine

Zubereitung

⟶ Zunächst das Cocktailglas gut vorkühlen. Dies ist die Voraussetzung dafür, dass der Drink seine Temperatur beibehält, sobald er ins Glas gegeben wurde. Als nächstes Datteldicksaft, Kaffeelikör, Walnussbitters und Vodka in den Shaker geben. Diesen nun mit Eiswürfeln füllen und sofort einen Espresso direkt aus der Maschine über das Eis fließen lassen. Der Espresso muss mit maximaler Hitze auf das klirrend kalte Eis laufen – nur so entsteht später die gewünschte schöne Schaumschicht, die den Drink so cremig macht. Sobald der Kaffee im Shaker ist, diesen schnell verschließen und den Drink mit aller Kraft kurz eiskalt shaken. Um dem Drink seine samtige Textur zu geben, seiht ihr ihn nun vom großen in den kleinen Teil des Shakers und entledigt euch anschließend des Eises. Den Shaker abermals schließen und den Drink noch ein weiteres Mal „trocken“ shaken. Schließlich durch ein Feinsieb in die Cocktailschale strainen.

Cheers.

FEIGE PFLAUME

Zutaten

25 ml Badischer Südwein
(alternativ weißer Portwein)

25 ml trockener Wermut

10 ml Zibarte

10 ml Feigensirup
⟶ S.176

15 ml mineralischer,
sehr trockener Riesling

Glas

Cocktailschale

Garnitur

frische Feige

Die Feige Pflaume ist ein wundervoller Drink und das Ergebnis vielen Herumexperimentierens mit der badischen Feige. Die für diesen Drink verwendeten Feigen stammen aus der Pfarrstraße, 200 Meter entfernt vom Schoellmanns, aus dem Garten eines befreundeten Künstlers.

Neben den Feigen verwenden wir Durbacher Zibartenbrand, Ortenberger Riesling und Badischen Südwein. Die Zibarte ist das Destillat einer kleinen Wildpflaume, welche dem Drink eine elegante Fruchtnote und vor allem eine angenehme Mandelnote gibt (Ein Effekt, der darauf zurückzuführen ist, dass der Stein der Zibarte im Verhältnis zum Fruchtfleisch größer ist und damit in der Maische mehr Einfluss auf den Geschmack hat). Der Riesling aus Ortenberg gleicht mit seiner knackigen Säure die Süße des Feigensirups aus und macht den Drink schön schlank.

Der Drink ist ausbalanciert, nussig, fruchtig und frisch mit enormem Trinkfluss.

Zubereitung
⟶ Zur Zubereitung des Drinks alle Zutaten der Reihe nach in ein Rührglas geben und mit viel Würfeleis gründlich kaltrühren. Dies ist erreicht, sobald das Rührglas von außen beschlägt. Alle Zutaten sollten sich zu diesem Zeitpunkt zu einer farblich gleichmäßigen Flüssigkeit verbunden haben. Den Drink dann in eine vorgekühlte Cocktailschale abseihen.

Cheers!

Badischer Südwein
⟶ Der Badische Südwein ist ein hausgemachtes Produkt. Zu seiner Herstellung lagern wir badischen Weißwein in kleinen Eichenfässern, süßen ihn mit Honig und spritten ihn mit einem geschmacksneutralen Weizendestillat aus dem Renchtal auf. Das Ergebnis ist ein durchweg regionales Produkt, dessen Herstellung der von weißem Portwein nachempfunden ist.

FIESTA

Der Fiesta ist ein schön einfacher, fruchtig-frischer Drink. Sommerlich, angenehm bitter und schönerweise: alkoholfrei. Die Grapefruit ist eine unserer Meinung nach unterschätzte Zutat in Drinks. Pur findet sie leider kaum Verwendung. Ihre aromatische Kombination aus Säure, Bitterkeit und Frucht ist unvergleichlich und vor allem in Aperitifdrinks toll einzusetzen. Sie regt den Appetit an und erfrischt auf eine schöne Art und Weise.

Zutaten

½ Grapefruit

20 ml Agavendicksaft

30 ml frisch gepresster Limettensaft

2 Dashes Saline
⟶ S.40

4 Dashes Peychaud's Bitters

etwas Soda zum Aufgießen

Glas

Tumbler

Garnitur

Grapefruit-Schnitz

Zubereitung

⟶ ½ frische Grapefruit im Shaker zermuddeln (Vor allem die Schale gut zerdrücken, da die in ihr enthaltenen ätherischen Öle dem Drink seine charakteristische Bitterkeit geben). Agavendicksaft, Limettensaft, Saline und Peychaud's Bitters hinzugeben. Den Drink anschließend mit viel Würfeleis gut shaken, um die Zellstruktur der Grapefruit aufzubrechen und so dafür zu sorgen, dass ihr Aroma in den Drink übergeht. Den Shaker öffnen und etwas Soda hinzugeben. Den Drink nun im Shaker leicht schwenken, um das Soda mit den restlichen Zutaten zu verbinden, ohne übermäßig viel Kohlensäure zu verlieren, und im Anschluss den Drink in einen mit Eiswürfeln gefüllten Tumbler abseihen. Abschließend mit einem Grapefruit-Schnitz garnieren.

Cheers!

FRAU SPINNER

In Gedenken an unseren lieben Gast und die Offenburger Künstlerin Jutta Spinner bekam dieser, ihr Lieblingsdrink, seinen Namen.

Zutaten

50 ml Cognac

30 ml frisch gepresster Zitronensaft

25 ml Vanillesirup

1 Dash Saline
→ S.40

3 Dashes Angostura Bitter

3 – 4 frische, vollreife Erdbeeren

½ Handvoll Minzblätter

sehr trockener Rieslingsekt

Glas

Cocktailschale

Garnitur

Erdbeere oder Minze

Zubereitung

→ Die gewaschenen und geputzten Erdbeeren im Shaker zerstoßen die Minzblätter zwischen den Handflächen anklatschen und hinzufügen. Mit den restlichen Zutaten bis auf den Sekt auf ausreichend Würfeleis kräftig shaken. Durch ein feines Sieb doppelt in euer vorgekühltes Glas abseihen und mit eiskaltem Sekt auffüllen.

→ Mit Minze oder Erdbeeren dekorieren und fertig.

Vanillesirup

→ Eine Vanilleschote der Länge nach aufschneiden und das Mark herauskratzen. Zusammen mit 250 ml Wasser, 250 g Zucker in einem Topf bis kurz vor dem Aufkochen erhitzen und so lange umrühren, bis sich der Zucker vollständig aufgelöst hat. Die Vanilleschote entnehmen, das Sirup in eine saubere Flasche abfüllen und kalt stellen. Hält sich gekühlt mehrere Wochen.

GIMLET

Zutaten

60 ml London Dry Gin

15 ml hausgemachter Lime Juice Cordial

Glas

Cocktailglas

Garnitur

Limettenrad oder -zeste

Der Gimlet ist ein Drink, der bis in die Kolonialzeit zurückgeht. Also ein absoluter Dinosaurier. Aromatisch findet der Gimlet irgendwo zwischen einem Martini und einem Gin Sour statt. Der Gin dominiert, der Cordial nimmt Schärfe, bringt etwas Frucht, Frische und Zug. Das Geheimnis für das Gelingen dieses Drinks liegt unserer Meinung nach im selbst gemachten Lime Juice Cordial und in der Qualität des verwendeten Gins. Von vielen Barmännern auf verschiedenste Art und Weise interpretiert, stellen wir hier kurzerhand unser Lieblingsrezept vor.

Zubereitung

⟶ Zunächst ein Cocktailglas gut vorkühlen. Dies ist die Voraussetzung dafür, dass der Drink seine Temperatur beibehält, sobald er ins Glas gegeben wurde. Erst den Lime Juice Cordial, dann den Dry Gin in ein Rührglas geben, dieses mit ausreichend Eiswürfeln füllen und den Drink gründlich kaltrühren. Abschließend mit einer Limettenzeste abspritzen oder einem Limettenrad garnieren. Cheers.

Lime Cordial

150 g Oleo Saccharum

250 ml gefriergefilteter Limettensaft

Lime Cordial

⟶ Klingt kompliziert. Daher brechen wir es auf das Wesentliche runter: Ein Cordial ist grundsätzlich eine Art Zitrussirup mit Auszügen aus der Zitrusschale und frischer Säure. Um diesen herzustellen, muss zunächst die Schale von Zitrusfrüchten – meistens die von Limetten – mit Zucker bestreut werden. Der Zucker entzieht den Zesten die ätherischen Öle. Auf Basis dieses mit Zitrusölen gesättigten Zuckers wird dann ein Sirup mit geklärtem Limettensaft gekocht, der über die Ätherik der Limettenschale, die Säure des Limettensaftes und die Süße des Zuckers verfügt.

Gefriergefilterter Limettensaft

1000 ml frisch gepresster Limettensaft

3 g Agar Agar

Gefriergefilterter Limettensaft

⟶ Hierzu nehmt ihr 1 l frisch gepressten und fein gesiebten Limettensaft. 250 ml des Limettensafts mit 3 g Agar Agar in einem Topf unter ständigem Rühren bis kurz vor dem Aufkochen erhitzen. Den restlichen Saft hinzugeben, umrühren und für mindestens einen Tag einfrieren. Im Anschluss das Gefriergut über einem Kaffeefilter auftauen lassen und den klaren Saft auffangen. In saubere Flaschen abfüllen und kalt stellen.

Oleo Saccharum

150 g feiner weißer Zucker

7–8 unbehandelten Limetten

Oleo Saccharum

⟶ Oleo Saccharum ist ein anderes Wort für Ölzucker. Zu seiner Herstellung einfach die Zesten von 7 – 8 gewaschenen, unbehandelten Limetten für 24 Sunden in 150 g Zucker einlegen. Der Zucker nimmt die ätherischen Öle der Schale auf und bindet sie. Obwohl wir grundsätzlich große Befürworter von Rohrzucker sind, raten wir euch in diesem Fall zu feinem weißen Zucker, da der Cordial am Ende möglichst klar und farblos sein sollte. Nach 24 Stunden die Zesten aus dem entstandenen Ölzucker entfernen. Das Oleo Saccharum zum Schluss unter fortwährendem Rühren bei moderater Hitze in gefriergefilteter Limettensaft lösen. Den klaren Cordial in saubere Flaschen abfüllen und kühl lagern.

BLACKBERRY GIMLET

Zutaten

7 ml Brombeer Cordial

20 ml Sauvignon Blanc

30 ml Wermut Rosé

20 ml regionaler Gin

20 ml trockener Wermut

Glas

Cocktailschale

Garnitur

keine

Ursprung dieses Drinks ist unsere St. Ursula Hütte in den Weinbergen von Zell-Weierbach. Von dort aus hat man einen wunderbaren Blick bis nach Straßburg und die Vogesen.

Unterhalb dieser Hütte wachsen vor allem Weinreben, dazwischen sind in rauen Mengen sehr aromatische Brombeeren zu finden. Der aus ihnen gewonnene Sirup bringt Frucht und Süße, welche sehr gut mit der frischen Säure des Sauvignon Blanc harmoniert.

Regionaler Gin gibt dem Drink Struktur, Aroma und Rückgrat, und der Wermut verbindet alle Zutaten schön miteinander und rundet den Drink ab.

Zubereitung

⟶ Alle Zutaten in ein Rührglas geben und dieses mit ausreichend Würfeleis füllen. Den Drink dann unter ständigem Rühren so weit herunterkühlen, bis das Rührglas beschlägt. Unter Zuhilfenahme eines Barsiebes den Drink nun in eine vorgekühlte Cocktailschale geben. Fertig.

Zutaten

70 g frische zerstoßene Brombeeren

250 ml gefriergefilteter Limettensaft
⟶ S.90

150 g Oleo Saccharum

Brombeer Cordial

⟶ Unser Brombeer Cordial ist einem Lime Cordial sehr ähnlich. Allerdings werden hier nicht nur den Limettenschalen die ätherischen Öle entzogen, sondern es werden zusätzlich frische zerstoßene Brombeeren zugegeben. Der Zucker nimmt daher nicht nur die bitteren Noten der Limettenschale, sondern zusätzlich auch Säure, Farbe und Frucht der Brombeeren auf. Das Ergebnis ist ein tiefroter, beerig-zitrischer Sirup mit fantastischer Aromatik.

Zutaten

7–8 unbehandelte Limetten

70 g Brombeeren

150 g feiner weißer Zucker

Oleo Saccharum

⟶ Oleo Saccharum ist ein anderes Wort für Ölzucker. Zu seiner Herstellung einfach die Zesten von 7–8 gewaschenen, unbehandelten Limetten und 70 g zerstoßene Brombeeren für 24 Sunden in 150 g Zucker einlegen. Der Zucker nimmt die ätherischen Öle der Schale und den säuerlichen Saft der Brombeeren auf und bindet sie. Obwohl wir grundsätzlich große Befürworter von Rohrzucker sind, raten wir euch in diesem Fall zu feinem weißen Zucker, da das Produkt möglichst klar sein sollte.

⟶ Nach 24 Stunden die Zesten aus dem entstandenen Ölzucker entfernen.

⟶ Das Oleo Saccharum zum Schluss unter fortwährendem Rühren bei moderater Hitze in gefriergefilteter Limettensaft lösen. Den entstandenen Cordial durch ein Passiertuch abpassieren, in saubere Flaschen abfüllen und kühl lagern.

GIN&TONIC

Der perfekte Arrival-Drink.

Zubereitung

⟶ Die Eisstange ins Glas geben, den Gin hinzufügen und mit Tonic Water aufgießen und mit einer Zitrone abzesten.

Zutaten

50 ml Gin

150 ml Schweppes Dry Tonic

1 Eisstange

GREEN DRAGON

Zutaten

30 ml Grüntee-Kardamom-Mezcal

30 ml Sake

30 ml Ananas-Shrub

Soda zum Auffüllen

Glas

Highball

Garnitur

Limettenzeste

Dieser spritzig-rauchige Drink verbindet Zutaten aus Japan und Mittelamerika.

Der Grüntee und der Kardamom unterstützen das fruchtig-rauchige Aroma des Mezcal, der Ananas-Shrub sorgt für ein schönes Süße-Säure-Verhältnis und der oxidative Geschmack des japanischen Reisweins rundet den Drink ab.

Bei den Shrubs werden im Regelfall Früchte in Essig eingelegt und nach einer gewissen Aromatisierungszeit wieder herausgenommen. Dieser Fruchtessig wird dann mit Zucker versetzt. Durch den Essig und den Zucker erhält man ein lang haltbares Produkt.

Zubereitung

⟶ Alle Zutaten in ein mit Eiswürfeln gefülltes Longdrinkglas geben, umrühren und mit Sodawasser auffüllen, mit einer Limette abzesten und nochmals vorsichtig umrühren.

Zutaten

2 Kardamomkapseln

20 g japanischer Grüntee

1 l Mezcal

Grüntee-Kardamom-Mezcal

⟶ 20 g japanischen Grüntee und 2 angestoßene grüne Kardamomkapseln in einem Liter Mezcal 24 Stunden ziehen lassen. Das Ganze durch ein Passiertuch absieben.

Zutaten

250 g reife geschälte Ananas

250 g Rohrzucker

150 ml Branntweinessig

100 ml weißer Balsamico

Ananas-Shrub

⟶ Zucker und die geschälte in Würfel geschnittene Ananas mit dem Branntweinessig und dem Balsamico in einem Topf mithilfe des Pürierstabes zu einer homogenen Masse mixen. Im Anschluss durch ein Feinsieb abpassieren und den Shrub in saubere Flaschen abfüllen und kühl lagern.

HÄNGENDE GÄRTEN

Bei den „Hängenden Gärten“ handelt es sich um einen frischen, alkoholfreien Sommerdrink mit zitrischen Noten, dem die grünen Erbsen mit ihrem leicht erdig-süßlichen Charakter ein gutes Rückgrat geben.

Zutaten

2 Esslöffel frische Erbsen

1 Zweig Minze

3 Scheiben Bio-Landgurke

15 ml Rohrzuckersirup
⟶ S.40

20 ml frisch gepresster Limettensaft

80 ml Ingwerlimonade
⟶ S.113

Glas

Highball

Garnitur

Erbsenschote und Minze

Zubereitung

⟶ Erbsen, Minze und Gurke in den Shaker geben und gründlich zerstoßen. Zucker und Limettensaft zugeben und mit viel Eiswürfeln kräftig shaken. Ingwerlimonade in den Shaker gießen und diesen kurz schwenken, um die Zutaten miteinander zu verbinden, ohne mehr Kohlensäure als nötig zu verlieren. Den Drink nun ins vorgekühlte Glas auf frische Eiswürfel abseihen.

HERBAL HARVEST

Der Herbal Harvest ist ein frischer, süß-säuerlicher und alkoholfreier Drink. Mit ihm wollen wir unsere Gäste an den Geruch eines wilden Kräutergartens erinnern.

Er besteht aus Süße, Säure und einer wilden Mischung frischer Kräuter. Zitronenthymian, Basilikum, Rosmarin, Salbei, Minze und Verbene kommen vor. Sie werden so stark geshaked, dass Aroma und Farbe in den Drink übergehenen. Zusätzlich finden unsere hausgemachte Ingwerlimonade, frischer Ingwer und etwas Gurke ihren Weg in den Shaker.

Zutaten

1 Zweig Zitronenthymian

6 Blätter Basilikum

1 Zweig Rosmarin

1 Blatt Salbei

1 Zweig Minze

3 Blatt Verbene

1 Stück Gurke

2 Scheiben Ingwer

30 ml hausgemachte Ingwerlimonade ⟶ S.113 (ersatzweise Ginger Beer)

20 ml frisch gepresster Zitronensaft

10 ml Rohrzuckersirup ⟶ S.40

Soda zum Aufgießen

Glas

Highball

Garnitur

die wildeste Mischung von Kräutern

Zubereitung

⟶ Alle Zutaten mit Ausnahme des Sodas in den kleinen Teil eines Shakers geben, diesen bis zum Rand mit Würfeleis füllen, verschließen und gut shaken, um die Zutaten miteinander zu verbinden und den Kräutern ihre Aromen zu entlocken. Sobald der Shaker beschlägt, ein vorgekühltes Highballglas bis zum Rand mit Würfeleis füllen, den Shaker öffnen und einen Schuss Soda hineingeben. Das Soda bindet das starke Aroma der geshakten Kräuter und bringt eine angenehme Spritzigkeit in den Drink. Nun einfach unter Zuhilfenahme eines Barsiebes in das Highballglas geben und mit der wildesten Mischung von Kräutern garnieren. Fertig.

HOPS DER BÄR

Im Rahmen der Schwarzwald Bar Brigade entstand der Drink Anfang 2014 als Zubereitungsempfehlung für einen neuen Topinambur auf dem Markt unter dem Namen „Bare Knuckle".

Basierend auf dem Ramos Gin Fizz, aber mit Topinambur als spannenderer Grundspirituose im Vergleich zum üblichen Old Tom Gin. Weißbier statt Soda, damit am Gaumen mehr passiert als nur Kohlensäure. Der Hopfen im Bier liefert uns das Hops und „Bare" klingt im Badischen eben wie Bär. Weitere blumige Worte nicht notwendig. Nur so weit: Er schmeckt großartig. Trinklaune!

Zutaten

50 ml Topinambur

30 ml frisch gepresster Zitronensaft

20 ml Rohrzuckersirup
⟶ S.40

15 ml Sahne

1 Dash Saline
⟶ S.40

1 Eiweiß

1 Schuss Hefeweizen

Glas

Fizzglas

Garnitur

keine

Zubereitung

⟶ Alle Zutaten außer Hefeweizen und Topinambur in den kleinen Teil des Shakers geben und ohne Eis shaken, bis die Konsistenz schön luftig ist. Nun den Shaker öffnen, Topinambur zugeben und den kleinen Teil des Shakers bis zum Rand mit Eiswürfeln füllen. Den Shaker abermals schließen und den Drink so lange shaken, bis der Shaker von außen beschlägt. Nun mithilfe des Barsiebes den Drink vom einen Teil des Shakers in den anderen abseihen und das zurückbleibende Eis entfernen. Den Shaker ein letztes Mal verschließen und wiederum gut shaken. Nun einen Schuss Hefeweizen hinzufügen und den Drink durch ein feines Sieb ins vorgekühlte Glas geben. Mit einem letzten Schuss Hefeweizen den Drink „anheben" und somit einen schönen Schaum entstehen lassen. Cheers.

JOHANNES DER SÄUFER

Zutaten

50 ml Johannisbeergeist

30 ml Zitronensaft

25 ml IPA Sirup

1 Dash Saline
→ S.40

3 Dashes Orangenblütenwasser

1 Eiweiß

Soda zum Aufgießen

Glas

Fizzglas oder Weinglas

Garnitur

schwarze Johannisbeeren

Zubereitung
→ Für diesen fruchtigen Fizz benötigt ihr erst mal einen Sirup, den ihr aus dem Imperial Pale Ale eurer Wahl kochen könnt. Welches sei völlig euch überlassen, als kleinen Tipp würde ich sagen, ein etwas fruchtigeres schadet dem Drink auf keinen Fall.

→ Den Sirup dann mit den restlichen Zutaten bis auf das Soda in einem Shaker zuerst ohne Eis und dann noch einmal mit ausreichend Würfeleis kräftig shaken. Einen Schuss Soda direkt in den Shaker geben und doppelt durch ein feines Sieb in das vorgekühlte Glas abseihen.

→ Zum Schluss mit den Johannisbeeren dekorieren.

Tipp für die Schaumkrone bei Fizzes
→ Als kleinen Tipp für eine besonders große Schaumkrone kann ich empfehlen, den Shaker beim Abseihen immer wieder auszuschwenken oder nicht gleich alles Soda in den Shaker zu geben, sondern im Anschluss noch mal ein wenig Soda in den vermeintlich leeren Shaker zu geben, um den restlichen Schaum auszuschwenken.

IPA Sirup
→ Funktioniert eigentlich wie ein einfacher Zuckersirup. Die gleiche Menge Flüssigkeit zu Zucker, z. B. 330 ml IPA mit 330 g Zucker, in einem Topf unter Hitze (Aufkochen vermeiden, sonst kann der Sirup nach dem Abkühlen wieder auskristallisieren) so lange umrühren, bis sich der Zucker vollständig aufgelöst hat. In saubere Flaschen abfüllen und kühl lagern. Hält sich im Kühlschrank einige Wochen.

Warum ohne Eis shaken?
→ Das Shaken ohne Eis bezeichnet man als Dry Shake. Der Sinn dahinter ist, das Eiweiß aufzuschlagen (emulsieren), deswegen kommt diese Technik in der Regel bei eiweißhaltigen Drinks zum Einsatz. Das funktioniert nicht so gut bei niedrigen Temperaturen und wird daher ohne Eis gemacht.

KRUMMGEFICKTES EICHHÖRNCHEN

Ein unglaublich leckerer Drink mit einem vielleicht ungewöhnlichen Namen. Allerdings wurde der Drink so benannt, jetzt heißt er auch so. Wer sich also vom Namen nicht abschrecken lässt, wird mit etwas Besonderem belohnt.

Zutaten

50 ml Haselnussgeist

20 ml weißer Quinquina

5 ml Campari

30 ml frisch gepresster Zitronensaft

20 ml Vanillesirup
⟶ S.89

1 Dash Saline
⟶ S.40

Glas

Cocktailschale

Garnitur

Zitronenzeste

Zubereitung

⟶ Für die Zubereitung alle Zutaten mit ausreichend Eiswürfeln im Shaker kräftig shaken und durch ein feines Sieb doppelt in ein vorgekühltes Glas abseihen. Eine Zitronenzeste über den Drink abspritzen und fertig.

LAST WORD

Dieser aus einem Members-Club in Detroit stammende Klassiker hat eine recht wechselhafte Geschichte. Immer wieder in der Versenkung verschwunden und wiederentdeckt, steht dieser Drink wie kein anderer für kräutrig-fruchtige Drinks aus vier Zutaten, die unbedingt zu gleichen Teilen verwendet werden sollten.

Als weitere Beispiele für den geneigten Mixer seien hier zum Beispiel der Corpse Reviver No. 2, Paper Plane oder auch Naked & Famous genannt. Alles hervorragende Drinks, die es sich zu probieren lohnt.

Zutaten

30 ml London Dry Gin

30 ml Chartreuse Verte

30 ml Maraschino

30 ml frisch
gepresster Limettensaft

1 Dash Saline
⟶ S.40

Glas

Cocktailschale

Garnitur

keine

Zubereitung

⟶ Hierfür alle Zutaten in einen Shaker geben und das Gemisch mit ausreichend Würfeleis kräftig shaken.

⟶ Den kalten Drink doppelt durch ein feines Sieb in das vorgekühlte Glas abseihen.

⟶ Auf Garnitur darf getrost verzichtet werden. Das komplexe Geschmacksergebnis kann auf jeden Fall für sich stehen.

42% vol. 1,0 Ltr.
L01/17
Josef Kiefer
Bühlmatte 3
77770 Durbach
Tel. 01707355063
Schwarzwälder
Kirschwasser
43% vol 0,7 Ltr.
L01/18
Josef Kiefer
Bühlmatte 3
77770 Durbach
Tel. 01707355063
Williams Christ
Birnenbrand
42% vol 0,7 Ltr.
L01/18
Josef Kiefer
Brennermeister
Bühlmatte 3
77770 Durbach

LOCAL MULE

Der Lindenplatz ist die Heimat des Haus Zauberflöte. Und somit vorübergehend die Heimat von jedem unserer Hotelgäste. Jeden Montag riecht es im ganzen Haus nach frisch aufgebrühtem Tee, da zu dieser Zeit unsere hausgemachten Limonaden und Eistees gekocht werden. Eine dieser Limonaden spielt die Hauptrolle im Local Mule. In Kombination mit klarem Williams Christ Brand, Dill, Landgurke, Honig und Verjus entsteht ein frischer Longdrink mit schöner Ingwerschärfe, animierend und belebend. Ein toller Durstlöscher. Cheers.

Zutaten

30 ml Birnenbrand

10 ml Ingwersirup

30 ml hausgemachte Ingwerlimo (ersatzweise Ginger Beer)

5 ml frisch gepresster Ingwersaft

40 ml Verjus

Glas

Highball

Garnitur

Gurke und Dill

Zubereitung

⟶ Alle Zutaten in ein hohes Highballglas geben und dieses anschließend bis zum Rand mit Würfeleis füllen. Den Drink bis knapp unter den Rand mit Soda aufgießen und die Zutaten durch sanftes Umrühren und Unterheben miteinander verbinden. Das Ziel ist es, so wenig Kohlensäure wie möglich zu verlieren. Den Drink abschließend mit einer Scheibe Landgurke und etwas Dill garnieren.

Fertig.

Ingwerlimonade

⟶ Die genaue Rezeptur wird nicht verraten. So viel allerdings sei gesagt: Die Basis fast jeder Limonade ist erst einmal ein schönes Süße-Säure-Verhältnis. In diesem Fall schlagen wir Limettensaft und Ingwersirup vor. Ingwersirup erhaltet ihr, indem ihr einen starken Ingwertee kocht und diesen dann mit dem gleichen Gewicht an braunem Vollrohrzucker einmal gründlich aufkocht. Für ein Glas Limonade empfehlen wir 20 ml Ingwersirup und 30 ml frisch gepressten Limettensaft zu mischen und diese Basis dann mit stark gebrühtem, kaltem Ingwertee aufzugießen, ganz nach Belieben kann die Limo natürlich auch in größeren Mengen hergestellt und beispielsweise in Krügen ausgeschenkt werden.

Tipp: Mit frisch gepresstem Ingwersaft kann das Ingweraroma noch zusätzlich verstärkt werden.

MAI TAI

Der Mai Tai ist ein absoluter Klassiker und einer der großen Tiki Drinks. In unzähligen Varianten über die Tresen aller Welt gereicht. Stellen wir hier nun unsere Version vor.

Zutaten

40 ml weißer kubanischer Rum

20 ml dunkler jamaikanischer Rum

10 ml dunkler jamaikanischer Overproof Rum

2 Dashes Angostura Bitter

2 Dashes Orangen Bitter

30 ml frisch gepresster Zitronensaft

10 ml Mandelsirup

15 ml Triple Sec

30 ml frisch gepresster Ananassaft

Glas

Tumbler

Garnitur

Ananas und Minze

Zubereitung

⟶ Alle Zutaten in einem großen Tumbler mithilfe des Barlöffels grob verrühren. Bis zum Rand mit Crushed Eis auffüllen und kaltrühren. Mit Ananas und Minze garnieren.

MARTINEZ

Der Martinez ist ein vor nicht allzu langer Zeit wiederentdeckter Klassiker, der sich vor allem durch einen sehr spannenden Alkoholgehalt auszeichnet. Er bewegt sich geschickt zwischen einem Martini und einem Americano, was ihn zu einem mediumstarken, aber aromatisch ausgesprochen spannenden Drink macht. Hauptakteur ist wieder mal der rote Vermouth, daher empfehlen wir, ihm größte Bedeutung beizumessen. Ein Produkt mit stabiler Kräuternote, nicht zu viel Süße und markanter Bitterkeit sei empfohlen.

Zutaten

50 ml roter Vermouth

20 ml London Dry Gin

5 ml Maraschino

2 Dashes Angostura Bitter

Zitronenzeste

Glas

Cocktailglas

Garnitur

Zitronenzeste

Zubereitung

⟶ Alle Zutaten im Rührglas auf reichlich Eiswürfeln kaltrühren. Das Ergebnis in ein vorgekühltes Cocktailglas abseihen. Abschließend mit einer Zitrone abzesten.

MINT JULEP

Ein Drink aus einer Zeit, als das Wort Cocktail noch gar nicht verwendet wurde, der untrennbar in Verbindung mit dem berühmten Kentucky Derby, dem traditionellen Pferderennen, stand und immer noch steht. Auch heute noch werden dort Juleps in unüberschaubarer Menge konsumiert und gehören genauso zum guten Ton wie die extravaganten Hüte der Damenwelt.

Zutaten

60 ml Bourbon Whiskey

5 ml Rohrzuckersirup
→ S.40

1 Handvoll Minze

Glas

Silberbecher
oder Goldbecher

Garnitur

Minz-Bouquet

Zubereitung
Zunächst die Minzblätter in ein Rührglas geben, mit den restlichen Zutaten auf reichlich Eiswürfeln knackig kaltrühren und in einen traditionellen, mit Crushed Eis gefüllten Silberbecher abseihen.

Sollte sich kein Crushed Eis finden lassen, empfehlen wir einige Eiswürfel in ein stabiles Küchentuch einzuschlagen und diese mit einem robusten Gegenstand auf einer festen Unterlage gründlich zu zerstoßen.

Als Garnitur wird ein Minz-Bouquet auf den Drink gegeben.

Traditionell wurde als Trinkhilfe ein sogenannter Julep-Strainer gereicht, um die feinen Eissplitter zurückzuhalten und so das Trinkvergnügen nicht zu stören. Echte Strohhalme leisten hier aber genauso ihren Dienst.

MIRA'S BÄLLE

Dieser Drink ist eine Abwandlung des klassischen Whiskey Sours. Der Mirabellenbrand und der Maracujasaft geben dem sonst eher herben Drink eine fruchtige Note, ohne den Geschmack des Whiskys zu überdecken.

Die Mirabelle ist so wie die Zwetschge und die Zibarte eine Unterart der Pflaume, besonders die bei uns im Schwarzwald wachsenden Mirabellen sind ausgesprochen gut.

Zutaten

30 ml Mirabellenbrand

20 ml Bourbon Whiskey

30 ml frisch
gepresster Zitronensaft

Saft einer frischen Maracuja

15 ml Rohrzuckersirup
⟶ S.40

3 Dashes Chocolate Bitters

Glas

Tumbler

Garnitur

Zitronenzeste

Zubereitung

⟶ Alle Zutaten im Shaker auf Eiswürfeln kräftig shaken. Anschließend in einem mit frischen Eiswürfeln gefüllten Tumbler abseihen. Den Drink abschließend mit einer Zitrone abzesten.

Cheers.

MISPEL MARTINI

Der Mispel Martini ist eigentlich kein Martini, basiert aber auf der Grundidee dieses Klassikers. Chartreuse und Verveine-Likör verleihen dem Drink eine ölige Textur und geben ihm eine florale und kräutrige Note. Da die beiden Liköre viel Süße mit sich bringen, solltet ihr einen knochentrockenen Vermouth nehmen, um den Drink auszubalancieren.

Die Mispel ist eine fast vergessene Apfelart und nur noch selten zu finden. Um dies zu ändern, findet der Mispelbrand seinen Platz in unserer Backbar.

Zutaten

30 ml Mispelbrand

25 ml trockener weißer Vermouth

15 ml Verveine-Likör

10 ml gelber Chartreuse

Glas

Cocktailschale

Garnitur

keine

Zubereitung

⟶ Alle Zutaten in ein mit reichlich Eiswürfeln gefülltes Rührglas geben und kräftig kaltrühren, bis das Glas beschlägt. Den Drink unter Zuhilfenahme eines Barsiebes in eine vorgekühlte Cocktailschale abseihen. Aufgrund der schönen Farbe verzichte ich gerne auf die Garnitur.

L.N. MATTE
CAP CORS
BELSAZAR
VERMOUTH
17,5% VOL
ROSÉ
PUNT
E MES

WILLIAMS NEGRONI

Zutaten

40 ml Williams Christ Brand

20 ml Campari

30 ml roter Vermouth

Glas

Tumbler

Garnitur

Orangenzeste

Zubereitung

⟶ Die Zutaten in einem Rührglas mit reichlich frischen Eiswürfeln kaltrühren und auf frische Eiswürfel in den Tumbler abseihen.

⟶ Zum Schluss mit einer Orangenzeste abspritzen. Fertig.

Wir servieren diesen Drink auch gerne als fassgereifte Variante. Kaum ein anderer Drink eignet sich so hervorragend für Reifungen wie ein Negroni in all seinen Varianten.

Gereifte Drinks

Alle Drinks, die ausschließlich aus Spirituosen und/oder Fortified Wines bestehen, eignen sich für Reifungen. Prominent ist die Fassreifung in Eichenfässern. Je nach Fassgröße und Alter des Fasses variieren die Reifephasen. Bei zu langer Lagerung kann der Drink allerdings zu bitter und holzig werden. Ein bis vier Wochen – Drinks die auf gereiften Spirituosen basieren, vertragen auch gerne ein bis zwei Wochen mehr. Man kommt aber nie um regelmäßiges Testen umhin. Auch die Fässer verändern sich ständig.

Eine weitere Spielart ist die Reifung in Glasflaschen oder Steingut.

Für die Geduld wird man mit besonders weichen und kompakten Drinks belohnt, die einen schönen Schmelz auf die Zunge bringen.

NEW & IMPROVED BLUTWURZ FIZZ

Diese Abwandlung des berühmten Ramos Gin Fizz aus New Orleans benötigt einen recht trockenen Blutwurz. Umso süßer der Blutwurz, desto weniger Zuckersirup sollte verwendet werden.

Zutaten

50 ml roter Blutwurz

5 ml Maraschino

15 ml frisch gepresster Zitronensaft

15 ml frisch gepresster Limettensaft

15 ml Rohrzuckersirup ⟶ S.40

15 ml Sahne

1 Dash Saline ⟶ S.40

3 Dashes Orangenbitter

1 Eiweiß

Soda zum Aufspritzen

Glas

Highball- oder Fizzglas

Garnitur

keine

Zubereitung

⟶ Alle Zutaten bis auf das Soda in einen Shaker geben und zuerst ohne, dann mit ausreichend Würfeleis kräftig shaken. Im Anschluss einen Schuss Soda in den Shaker geben und doppelt durch ein feines Sieb in das vorgekühlte Glas abseihen. Auf Garnitur kann getrost verzichtet werden.

OLD FASHIONED

Der Old Fashioned streitet sich permanent mit dem Manhattan um den Preis des Urvaters amerikanischer Barkultur. Entstanden zu Zeiten der Prohibition, diente die Rezeptur vordergründig dazu, die geschmacklichen Fehler schlecht (und illegal) gebrannter Spirituosen zu überdecken.
Die Orangenzeste mitgerechnet, haben wir in diesem Drink abgesehen von einer ordentlichen Menge Whiskey lediglich drei Zutaten, welche in geringer Menge Verwendung finden. Dem Whiskey werden so gleichzeitig seine Kanten abgeschliffen und Akzente gesetzt.

Zutaten

60 ml amerikanischer Whiskey

5 ml Rohrzuckersirup
→ S.40

2 Dashes Angostura Bitter

Glas

Tumbler

Garnitur

Orangenzeste

Zubereitung:

→ Alle Zutaten im Rührglas mit reichlich Eiswürfeln gründlich kaltrühren. Das Ergebnis in ein mit frischen Eiswürfeln gefülltes Becherglas abseihen. Abschließend mit einer Orange abzesten.

GOLD FASHIONED

Zutaten

50 ml Mirabellen-Goldbrand

2 Dashes Walnussessenz
→ S.176

Glas

Tumbler

Garnitur

Dehydrierte Mirabelle

Bei dem Gold Fashioned handelt es sich um die Abwandlung eines Old Fashioned. Ein Drink basierend auf wenigen wuchtigen und intensiven Zutaten. Die Hauptrolle spielt ein hausgemachter Mirabellen-Goldbrand. Also ein Mirabellenbrand mit Fruchtauszug. Mirabellen werden geerntet, entsteint und mit Mirabellenwasser übergossen. Die Mischung lassen wir lichtgeschützt und kühl für einige Tage stehen. Das Ergebnis ist eine Spirituose mit dem intensiven Aroma eines Mirabellenbrands, die allerdings durch die frische Frucht ihre Kante und Schärfe verliert. Aromatisch ist der Effekt mit den Auswirkungen einer Fasslagerung grob vergleichbar. Die Spirituose wird weicher und weniger bissig. Zusätzlich entwickelt sich ein fast öliges Mundgefühl. Eine hausgemachte Walnussessenz gibt dem Drink noch etwas Tiefe. Den Zucker, der in keinem Old Fashioned fehlen darf, sparen wir uns an dieser Stelle, dafür haben wir die Mirabellen so spät geerntet, dass sie vor Fruchtsüße nur so strotzen, sie geben dem Drink die notwendige Süße.

Zubereitung
→ Alle Zutaten in ein Rührglas geben und dieses mit ausreichend Eiswürfeln auffüllen. Den Drink dann unter ständigem Rühren so weit herunterkühlen, bis das Rührglas beschlägt. Unter Zuhilfenahme eines Barsiebes den Drink nun in einen vorgekühlten und mit Eiswürfeln gefüllten Tumbler geben. Mit einer dehydrierten Mirabelle garnieren.

Fertig.

Mirabellen-Goldbrand
Der Mirabellen-Goldbrand ist denkbar einfach herzustellen. Nehmt den Mirabellenbrand des Brenners eures Vertrauens. Glasklar sollte er sein, aromatisch und geradlinig. Nun entsteint die reifsten Mirabellen, die ihr finden könnt – so saftig und süß wie möglich sollten sie sein –, und legt sie in euren Mirabellenbrand ein. Das Ganze in ein verschließbares Gefäß füllen. Nun kühl und dunkel lagern, bis die Fruchtsüße der Mirabellen in die Spirituose übergegangen ist (Dies ist nach ca. 14 Tagen der Fall). Die Früchte anschließend abpassieren und die Spirituose in saubere Flaschen abfüllen. Fertig.

ORANGE-INGWER-CAIPIRINHA

Eine bei unseren Gästen sehr beliebte alkoholfreie Alternative zu dem berühmten brasilianischen Vorbild.

Zutaten

20 ml frisch gepresster Limettensaft

10 ml Rohrzuckersirup
⟶ S.40

1 Dash Saline
⟶ S.40

½ Orange

1 daumengroßes Stück Ingwer

Ginger Beer zum Aufgießen

Glas

Tumbler

Garnitur

Ingwerscheiben

Zubereitung

⟶ Die halbe Orange und den geschälten Ingwer klein schneiden und beides im großen Teil des Shakers mit einem Muddler kräftig zerstoßen.

⟶ Die restlichen Zutaten hinzufügen und mit ausreichend Eiswürfeln kräftig shaken. Im Anschluss mit etwas Ginger Beer aufgießen und vorsichtig umrühren.

⟶ Nun den gesamten Inhalt des Shakers in das Glas geben und dem Genuss steht nichts mehr im Wege.

PALOMA

Die Paloma ist neben der Margarita einer der berühmtesten auf Tequila basierenden Drinks. Geschmacklich spielen Grapefruit, Limette, Salz und Tequila die Hauptrolle. In vielen Bars und übrigens auch in Mexiko, wo dieser Drink ursprünglich herkommt, bezeichnet die Paloma einen Longdrink mit Tequila, Limette, Salz und einer Grapefruitlimonade. Wahnsinnig süffig, erfrischend und lecker.

Da wir mit diesem Buch allerdings auch unsere Interpretationen der Drinks internationaler Barkultur vorstellen wollen, kommt hier die Schoellmanns Paloma: In Bezug auf die Aromatik sind wir der Linie treu geblieben. Allerdings sparen wir uns die Grapefruitlimonade und arbeiten stattdessen mit frischer Grapefruit. Dies gibt dem Drink eine Frische, die mit keiner Limo der Welt zu erreichen wäre, und ermöglicht uns gleichzeitig, die Bitternoten, welche in Form der ätherischen Öle in der Schale zu finden sind, in den Drink zu bringen. Für den Zug geben wir etwas Agavendicksaft hinzu, welchen wir wiederum mit Limette ausbalancieren. Und als kleine, aber feine Kante kommt zu guter Letzt noch ein wenig grüner Chartreuse hinzu. Wir sprechen hier tatsächlich von nicht mehr als einigen Tropfen. Sie haben allerdings enormen Einfluss auf Balance und Profil des Drinks und geben gewaltig Tiefe.

Zutaten

50 ml Blanco Tequila

½ Grapefruit

4 Dashes Peychaud's Bitters

2 Dashes Saline
⟶ S.40

2 Dashes Chartreuse Verte

20 ml Agavendicksaft

30 ml frisch gepresster Limettensaft

Fleur de Sel

Soda zum Aufgießen

Glas

Becherglas

Garnitur

Grapefruitkeil

Zubereitung

⟶ Zunächst die frische Grapefruit in den Shaker geben und gründlich zerstoßen. Anschließend alle übrigen Zutaten außer dem Soda in den Shaker geben und das Ganze mit genug Würfeleis schön kalt shaken. Den Shaker nun öffnen und einen Schuss Soda hineingeben. Durch leichtes Schwenken könnt ihr nun die Zutaten miteinander verbinden, ohne dass euch zu viel der Kohlensäure im Soda verloren geht. Das Ergebnis in ein mit frischen Eiswürfeln gefülltes Becherglas abseihen und mit Salz und einem Grapefruitkeil garnieren. Done.

Cheers.

PIMMEL, ARSCH UND ZWIRN

Für diesen nicht ganz so bierernsten Drink braucht ihr gleich zwei selbst gemachte Zutaten. Der Arbeitsaufwand lohnt sich! „Because you can't say happiness without saying PENIS."

Zutaten

50 ml Haselnussgeist mit gedörrten Bananen infusioniert

30 ml Zitronensaft

25 ml Cola-Hefeweizen Sirup

1 Dash Saline
→ S.40

3 Dashes Angostura Bitter

Glas

Tumbler

Garnitur

gedörrte Bananenscheiben

Zubereitung

→ Alle Zutaten im Shaker mit ausreichend Würfeleis kalt shaken und doppelt durch ein feines Sieb auf frisches Würfeleis in einen Tumbler abseihen. Mit gedörrten Bananscheiben dekorieren, Spaß haben und genießen.

Haselnussgeist, mit gedörrten Bananen infusioniert

→ 500 ml Haselnussgeist mit 75 g gedörrten Bananenchips über 24 h ziehen lassen. Anschließend für mindestens 12 h einfrieren und durch einen Kaffeefilter absieben. In sauberen Flaschen kühl lagern.

Cola-Hefeweizen Sirup

→ 200 ml Cola mit 200 ml Hefeweizen und 400 g Zucker in einem Topf erhitzen (Aufkochen vermeiden, sonst kann der Sirup nach dem Abkühlen wieder auskristallisieren) und umrühren, bis sich der Zucker vollständig aufgelöst hat. In saubere Flaschen abfüllen und kühl lagern. Hält sich mehrere Wochen im Kühlschrank.

PISCO PUNCH

Der Pisco Punch ist im Gegensatz zum Pisco Sour leider etwas in Vergessenheit geraten.

Pisco ist ein Traubendestillat und stammt ursprünglich aus der gleichnamigen Stadt in Peru und wurde dort vor etwa 400 Jahren zum ersten Mal gebrannt.

Um einen Pisco Sour zu mixen, ersetzt ihr einfach das Stück Ananas durch ein Eiweiß und den Agavendicksaft durch Rohrzuckersirup.

Zutaten

60 ml Pisco aus Peru

30 ml frisch gepresster Limettensaft

20 ml Agavendicksaft

3 Dashes Inca Bitters

1 Scheibe reife Ananas

Glas

Weinglas

Garnitur

Ananas

Zubereitung

⟶ Die in Würfel geschnittene Ananas im Shaker gut zerstoßen. Alle weiteren Zutaten hinzufügen und den Shaker mit reichlich Eiswürfeln auffüllen, kräftig kalt schütteln und in ein vorgekühltes Weinglas doppelt abseihen. Anschließend mit einer Scheibe Ananas garnieren.

PRINZ VON BADEN

Wir lieben den Prince of Wales Cocktail! Also haben wir uns daran orientiert und eine badische Version kreiert. Etwas trockener als das Vorbild, aber mindestens genauso süffig.

Zubereitung

⟶ Bei diesem einfachen, aber sehr eleganten Sekt- oder Aperitif-Drink werden zunächst die Zutaten bis auf den Sekt in einem Rührglas mit Würfeleis kaltgerührt und anschließend in das vorgekühlte Glas abgeseiht. Im Anschluss mit eiskaltem Rieslingsekt aufgießen. Mit Gurke und Cocktailkirsche garnieren. So einfach, so gut.

Zutaten

15 ml Williams Christ Brand

10 ml D.O.M Bénédictine

1 Dash Orangen Bitter

sehr trockener Rieslingsekt

Glas

Sektflöte oder Silberkelch

Garnitur

Gurke und
Cocktailkirsche

ROSE&RHUBARB

Der Rose&Rhubarb ist ein fruchtig-floraler, sehr schlanker Drink. Er besteht aus Wermut, einer hausgemachten Roseninfusion und einem hausgemachten Rhabarberlikör. Der Rhabarberlikör hat durch recht geringe Zuckerzugabe die natürliche Säure des Rhabarbers schön beibehalten, was dem Drink einen tollen Zug gibt. Perfekt für die Terrasse. Er fühlt sich an, als würde man in ein Eisbecken mit Rosenblüten springen. Die Rosen stammen übrigens aus dem Garten eines unserer Stammgäste. Vielen Dank, Michel!!!

Der Wermut basiert auf einer Mischung badischer Weine und badischem Obstbrand, aromatisiert mit regionalen Kräutern und Gewürzen. Er gibt dem Drink Tiefe und Frucht.

Zutaten

50 ml trockener Wermut

30 ml Wermut-Roseninfusion

20 ml Rhabarberlikör

Glas

Cocktailschale

Garnitur

Rose

Zubereitung

⟶ Alle Zutaten in ein Rührglas geben und dieses mit ausreichend Würfeleis füllen. Den Drink dann unter ständigem Rühren so weit herunterkühlen, bis das Rührglas beschlägt. Unter Zuhilfenahme eines Barsiebes den Drink nun in eine vorgekühlte Cocktailschale geben und servieren.

Fertig.

Rhabarberlikör

⟶ Den Rhabarber in grobe, ca. 1,5 cm breite Stücke schneiden und in einer Schale mit demselben Gewicht an Zucker übergießen. In der Kühlung für 24 Stunden ziehen lassen. Den dadurch entstehenden Sirup durch ein Sieb abseihen und so von Rhabarberstücken und nicht gelöstem Zucker trennen. Den Sirup in saubere Flaschen abfüllen und kühl lagern.

⟶ Um den Sirup zu einem Likör weiterzuverarbeiten, muss er lediglich mit einer möglichst geschmacksneutralen Spirituose aus landwirtschaftlichem Ursprung und mit gefiltertem Wasser gemischt werden. Unsere Empfehlung: 1 Teil Sirup, 1 Teil Wasser, 2 Teile Spirituose.

Wermut-Roseninfusion

Um die Roseninfusion herzustellen, bedarf es nicht mehr als 700 ml eines süßen Wermuts und 150 g der aromatischsten unbehandelten Rosenblüten, die ihr im Spätsommer finden könnt.

Rosenblüten gemeinsam mit dem Wermut in ein Gefäß füllen, welches ihr luftdicht verschließt. Nun 24 Stunden kühl lagern. Der Wermut extrahiert zwischenzeitlich die Aromen der Rosenblüten und gewinnt gewaltig an Ausdruck.

ROTE ZORA

Der Großteil der Zutaten für diesen frischen, vegetalen Drink findet sich in den meisten Küchen. Vielen wird vielleicht der Zibärtle Brand (ein köstliches Destillat aus Wildpflaumen) unbekannt sein, aber das muss ja nicht so bleiben.

Zutaten

50 ml Zibärtle Brand

30 ml frisch gepresster Zitronensaft

20 ml Rohrzuckersirup
⟶ S.40

¼ rote Paprika

Pfeffer aus der Mühle

2 Dashes Saline
⟶ S.40

3 Dashes Angostura Bitter

Glas

Tumbler

Garnitur

Zitronenzeste

Zubereitung

⟶ Zunächst wird die Paprika geviertelt, entkernt und im Shaker angestoßen. Dafür verwendet ihr am besten einen Muddler. Mit den restlichen Zutaten und ausreichend Würfeleis kräftig shaken und doppelt durch ein feines Sieb in einen Tumbler auf frisches Würfeleis abseihen.

⟶ Den Drink mit einer Zitronenzeste abspritzen. Wer noch etwas Paprika oder Pfeffer darübergeben möchte, kann das auch gerne tun.

Zitruszesten abspritzen

In der Schale von Zitrusfrüchten steckt ganz viel Aroma. Namentlich die ätherischen Öle, die sich in der Schale befinden. Als Kind wurde ich um die Weihnachtszeit für eine Weile beschäftigt, indem man mir zeigte, wie man die Öle aus Mandarinenschalen in Kerzenflammen spritzen kann und sich so mit einer Miniatur-Pyro-Show das Warten auf den großen Tag verkürzen konnte.

⟶ Durch ein Abspritzen von Zitrusschalen über Drinks, die ihr am besten mit einem Sparschäler von der noch ganzen Frucht entfernt, kann man diese sehr schön parfümieren. Denn nicht nur das Auge, sondern auch die Nase trinkt mit.

Doppelt abseihen

⟶ Wenn ihr zusätzlich zu eurem Barsieb, das meistens nur grobe Eisstücke oder Frucht- und Kräuterreste zurückhält, noch ein Feinsieb (Teesieb) zu Hilfe nehmt, bleiben eure Drinks homogener und keine kleinen Frucht-, Kräuter- oder Eisreste stören euren Trinkgenuss.

ROY'S NUTS

Die Basis für diesen Drink ist ein etwas vergessener Klassiker, der Rob Roy, ein Manhatten, der mit Scotch Whisky anstatt amerikanischem Whiskey zubereitet wird. Ich habe dem Ganzen einen gelagerten Walnussgeist beigefügt und den klassischen Angostura Bitter gegen ein Chocolate Bitter eingetauscht. Die Auswahl des richtigen Scotch ist hier natürlich entscheidend: Soll der Drink eher leicht oder kräftig und torfig werden? Für mich ist das eine tagesabhängige Entscheidung.

Zutaten

40 ml Scotch Whisky

20 ml gelagerter Walnussgeist

30 ml roter Vermouth

2 Dashes Chocolate Bitters

Glas

Cocktailschale

Garnitur

Zitronenzeste

Zubereitung

⟶ Die Zutaten nacheinander in ein mit Würfeleis gefülltes Rührglas geben und kaltrühren. Den Drink in eine vorgekühlte Cocktailschale abseihen und mit einer Zitrone abzesten.

SAZEREC

Zutaten

5 ml Absinth

60 ml Cognac

5 ml Rohrzuckersirup
⟶ S.40

2 Dashes Angostura Bitter

4 Dashes Peychaud's Bitters

Glas

Tumbler

Garnitur

Zitronenzeste

Der Sazerac, offizieller Drink der Stadt New Orleans, ist eng verwandt mit dem Old Fashioned. Im Bezug auf den Aufbau sind die beiden Drinks sich sehr ähnlich. Während der Old Fashioned mit Canadian oder Rye Whiskey gemacht ist, wählen wir für den Sazerac Cognac. Die Bitters sind im Falle des Sazerac presenter. Sie sind jedoch weniger würzig, sondern gehen mehr in die florale Richtung. Gleichzeitig sorgt der dezente Einsatz von Absinth für eine wunderschön kräuterige, frische Note. Die Garnitur ist letzten Endes keine Orangen-, sondern eine Zitronenzeste und der Drink wird straight up serviert. All das macht den Sazerac zu einem filigraneren Verwandten des Old Fashioned. Während der Old Fashioned vordergründig wuchtig-würzig und whiskeylastig ist, ist der Sazerac fruchtiger, floraler und vielschichtiger. Ihm sind die französischen Einflüsse, die New Orleans prägen, klar anzumerken.

Zubereitung

⟶ Zunächst den Tumbler gut vorkühlen. Dies ist die Voraussetzung dafür, dass der Drink seine Temperatur beibehält, sobald er ins Glas gegeben wurde. Das Glas nun mit einem Barlöffel Absinth „auswaschen". Gebt hierzu den Absinth ins kalte Glas und bewegt es in euren Händen, sodass die Innenwand des Glases schön gleichmäßig mit Absinth benetzt wird. Als Nächstes alle übrigen Zutaten ins Rührglas geben und auf reichlich Eiswürfeln gründlich kaltrühren. Seiht das Ganze jetzt in das vorgekühlte Glas ab und spritzt es abschließend mit einer Zitronenzeste ab.

Cheers.

SCHWARZWALD COLADA

Unser Schwarzwälder Twist auf einen der bekanntesten tropischen Cocktails überhaupt ist einfach verführerisch lecker. Jenseits von Sahne und pappsüß kann dieser Drink so viel mehr.

Zutaten

35 ml Kirschwasser

15 ml Sherry Fino

10 ml frisch gepresster Limettensaft

15 ml Kokossirup

40 ml natürliches Kokoswasser

80 ml frisch gepresster Ananassaft

1 Dash Saline
⟶ S.40

Glas

Ballonglas

Garnitur

Ananasscheibe, Minzzweig und frische Kirschen

Zubereitung

⟶ Zunächst alle Zutaten im Shaker mit ausreichend Würfeleis kräftig shaken und in das mit frischen Eiswürfeln gefüllte Glas abseihen. Gegebenenfalls noch mal mit Würfeleis toppen.

⟶ Zum Schluss eine Ananasscheibe ins Glas legen und mit dem Minzzweig garnieren. Solltet ihr Kirschen zur Hand haben eignen die sich natürlich auch hervorragend als Garnitur.

⟶ Jetzt steht dem heimischen Urlaubsgefühl eigentlich nichts mehr im Weg.

SCHWARZWALD SÄUERLING

Der Säuerling begleitet mich schon seit Beginn meiner „professionellen" Bar-Laufbahn. Es sollte ein Rezept geschaffen werden, das meine Heimat im Glas einfängt, zwischen 2008 und 2014 wurde dieses immer weiter überarbeitet und verbessert.

2012 waren wir sogar mit Florian Faude, Brenner meines Herzens, im Wald um Titisee und Schluchsee, um Fichtensprossen für einen frischen Likör zu sammeln. Am Ende wurde es ein Fichtensprossengeist und das Rezept vervollkommnet, wie es heute ist: eine Gin Fizz Abwandlung, die so schmeckt wie der Schwarzwald im Frühsommer duftet. Herrlich!

PS: Ein Säuerling ist ein Mineralwasser mit hohem natürlichen Kohlensäureanteil

Zutaten

40 ml Monkey 47 Dry Gin

15 ml Fichtensprossengeist

20 ml Verjus

10 ml Apfeldicksaft

30 ml Säuerling
zum Aufgießen

Glas

Tumbler

Garnitur

Sauerampfer

Zubereitung

⟶ Alle Zutaten in den kleinen Teil eines Shakers geben, diesen bis zum Rand mit Eiswürfeln füllen, verschließen und gut shaken, um die Zutaten miteinander zu verbinden. Sobald der Shaker beschlägt, einen vorgekühlten Tumbler bis zum Rand mit gefrosteten Kieselsteinen füllen, den Shaker öffnen und den Drink einfach unter Zuhilfenahme eines Barsiebes ins Glas geben und mit einem Blatt Sauerampfer garnieren.

Fertig.

SOMMER IN BADEN

Baden ist die Region Deutschlands mit den meisten Sonnentagen. Also muss dafür ein Drink her. Kein Spritz im klassischen Sinne, sondern eher ein Hybrid des beliebten Sommerdrinks mit unserer badischen Weinschorle.

Jeder, der in unserer schönen Region aufgewachsen ist, kennt auf jeden Fall den „süßen Sprudel".

Wer den nicht zur Hand hat, bedient sich an einer anderen Zitronenlimonade. Also los geht's.

Zutaten

50 ml trockener Wermut

10 ml Kirschwasser

7 Dashes Peychaud's Bitter

Zitronenlimonade zum Auffüllen

Glas

Ballonglas

Garnitur

Zitronenschnitz und Rosmarinzweig

Zubereitung

⟶ Für diesen leichten Aperitif-Drink alle Zutaten bis auf die Zitronenlimonade in ein Weinglas geben. Dieses mit ausreichend Eiswürfeln befüllen und mit einem Schuss Zitronenlimonade nach Belieben auffüllen.

⟶ Den Drink mit einem Rosmarinzweig und einem Zitronenschnitz garnieren. Der Weg zum Glück kann so leicht sein.

THE AMAZING HIMBEERE

Diese überraschende Erfrischung spielt mit einer interessanten Technik, nämlich der Gefrierfiltration von Säften. Durch eine eigentlich einfache Technik kann man mit dem Aussehen und auch ein bisschen dem Aroma von Säften spielen.

In diesem Fall kam eine fruchtig, leicht rauchige alkoholische Limonade dabei heraus, die auf den ersten Blick eher wie ein Glas Wasser daherkommt.

Zutaten

50 ml Himbeergeist

5 ml Mezcal

15 ml Sherry Fino

30 ml gefriergefilterter Limettensaft

20 ml Rohrzuckersirup
⟶ S.40

1 Dash Saline
⟶ S.40

Soda zum Auffüllen

Glas

Becherglas

Garnitur

frische Himbeeren

Zubereitung

⟶ Ihr gebt alle Zutaten bis auf das Soda in euer Glas, füllt es bis an den Rand mit Eiswürfeln und gießt es mit Soda auf. Vorsichtig umrühren und die Himbeeren hinzugeben.

Gefriergefilterter Limettensaft

⟶ Hierzu nehmt ihr 1 l frisch gepressten und fein gesiebten Limettensaft. 250 ml des Limettensafts mit 3 g Agar Agar in einem Topf unter ständigem Rühren bis kurz vor dem Aufkochen erhitzen. Den restlichen Saft hinzugeben, umrühren und für mindestens einen Tag einfrieren. Im Anschluss das Gefriergut über einem Kaffeefilter auftauen lassen und den klaren Saft auffangen. In saubere Flaschen abfüllen und kaltstellen.

WHISK(E)Y SOUR

Der Whisk(e)y Sour beschreibt Barkultur auf eine Art und Weise, wie sie banaler nicht sein könnte. Bei der Basisspirituose handelt es sich um Whisk(e)y. Eine Spirituose, für deren puren Genuss man sich meist Zeit nimmt, der man Aufmerksamkeit schenkt. Dem Sour gelingt es auf großartige Weise, dieser Spirituose allein durch die Zugabe von Süße und Säure ein solches Maß an Zug und Harmonie zu geben, dass es kaum zu fassen ist. Ein Rat: Versucht den Überblick zu behalten. 60 ml Spirituose sind 60 ml Spirituose. Auch wenn sie schmeckt wie Ferien.

Der Whisk(e)y Sour ist übrigens nur der berühmteste Vertreter einer ganzen Kategorie von Drinks, deren Gemeinsamkeit in einer Basis aus Zuckersirup und Zitronensaft liegt und die dann durch eine Spirituose ergänzt wird. Das Prinzip ist so großartig wie einfach und lässt sich auf jede erdenkliche Spirituose anwenden. Von Pisco über Rum bis zu Likören wie Amaretto.

Viel diskutiert ist das Thema Eiweiß in Sours. Eiweiß gibt dem Drink eine unwiderstehliche Cremigkeit. Gleichzeitig wirkt ein Sour ohne Eiweiß für mich immer etwas zerrissen und unharmonisch, da sich der Kontrast zwischen Süße und Säure schnell in den Vordergrund drängen und etwas unangenehm Beißendes mit sich bringen kann. Das Eiweiß verbindet Süße und Säure geschickt miteinander und lässt den Drink harmonischer und homogener erscheinen.

Natürlich ist es einfacher, einen Sour ohne Eiweiß zuzubereiten als mit. Allerdings ist es unserer Überzeugung nach die Aufgabe, einen jeden Drink maximal gut zuzubereiten und alles herauszuholen, was in ihm steckt.

Zutaten

60 ml Whisk(e)y

30 ml frisch gepressten Zitronensaft

20 ml Rohrzuckersirup
⟶ S.40

optional: 1 Eiweiß

Glas

Tumbler

Garnitur

Orangen- oder Zitronenzeste

Zubereitung mit Eiweiß

⟶ Zuckersirup und Zitronensaft zusammen mit einem Eiweiß der Reihe nach in den Shaker geben und zunächst ohne Eiswürfel gründlich shaken. Dies hat zur Folge, dass das Eiweiß eine schöne Schaumigkeit entwickelt. Whiskey und großzügig Eiswürfel zugeben und den Drink abermals shaken, um ihn auf Temperatur zu bringen. Den Drink mithilfe eines Strainers vom einen Teil des Shakers in den anderen abseihen und das Eis anschließend entfernen. Den Drink ohne Eis ein weiteres Mal shaken, um die Cremigkeit noch mal zu verstärken. Das Ergebnis nun durch ein feines Sieb in einen mit frischen Eiswürfeln gefüllten Tumbler abseihen. Mit einer Zitronen- oder Orangenzeste abspritzen. Fertig.

Zubereitung ohne Eiweiß

⟶ Alle Zutaten im Shaker auf genügend Eiswürfeln gründlich kalt shaken und doppelt in einen mit frischen Eiswürfeln gefüllten Tumbler abseihen. Mit einer Zitronen- oder Orangenzeste abspritzen. Fertig.

WHITE RUSSIAN

Zutaten

40 ml Vodka

20 ml Kaffeelikör
⟶ S.176

40 ml Sahne oder Milch

Glas

Tumbler

Garnitur

keine

Tja – der White Russian. Was soll man sagen ... Es gibt zwei Wege ihn zuzubereiten. Den schönen und den schmutzigen.

Der schöne ist eine Mischung aus Vodka und Kaffeelikör, auf die abschließend eine Schicht halbgeschlagene Sahne aufgetragen wird. Eigentlich keine große Sache. Auch wenn wir bereits oft versuchten, ihn in seiner Herstellung zu vereinfachen, um ihn schneller zubereiten zu können, so kamen wir doch immer zu dem Schluss, dass am händischen Schlagen der Sahne kein Weg vorbeiführt.

Der zweite Weg ist der schmutzige. Der rücksichtslose. Vodka und Kaffeelikör nach Augenmaß im mit Eiswürfeln gefüllten Tumbler mischen und abschließend einen Schuss Vollmilch zugeben. Die Milch knallt in das Vodka-Likör-Gemisch und es ist ein Fest für die Augen. Das Ganze dann flüchtig umrühren (am besten einfach mit den Fingern das Eis im Glas bewegen) und fertig. Diesen Drink zu machen darf nicht mehr als einige Sekunden dauern. Zu viel „Mühe“ ruiniert ihn.

Zubereitung Dirty
⟶ Vodka und Kaffeelikör auf etwas Eis im Becherglas kurz kaltrühren. Dann die Milch zugeben. Den Drink abermals flüchtig umrühren. Fertig.

Zubereitung Clean
⟶ Vodka und Kaffeelikör im Rührglas mit reichlich Eiswürfeln gründlich kaltrühren. Das Ergebnis in einen mit frischen Eiswürfeln gefüllten Tumbler abseihen.

⟶ Eiskalte Sahne im Shaker „trocken“ halb steif shaken und unter Zuhilfenahme eines Barlöffels auf den Drink floaten.

Cheers.

WILHELM WILL TELL

Es muss ja nicht immer Alkohol sein. Auch alkoholfreie Drinks können Spaß machen.

Zubereitung

⟶ Für diese leichte und fruchtige Erfrischung alle Zutaten in einem Shaker mit ausreichend Eiswürfeln kräftig shaken und anschließend doppelt durch ein feines Sieb in ein mit frischen Eiswürfeln gefülltes Weinglas abseihen. Mit Apfelscheiben garnieren und fertig.

Holunderblüten-Zitronengras-Sirup

Hierfür empfehlen wir einen selbst gemachten oder einen von guter Qualität gekauften Holunderblütensirup zu verwenden. Mit einem Pürierstab 20 g Zitronengras in 200 ml Holunderblütensirup mixen. Das Ganze eine Stunde ziehen lassen und anschließend durch ein feines Sieb in saubere Flaschen abfüllen und kühl lagern.

Zutaten

30 ml frisch gepresster Zitronensaft

25 ml Holunderblüten-Zitronengras-Sirup

40 ml Buttermilch

80 ml frisch gepresster Apfelsaft

1 Dash Saline
⟶ S.40

3 Dashes Angostura Bitter

Glas

Weinglas

Garnitur

Gedörrte Apfelscheiben

ZIBÄRTLE BIJOU

Bijou, Französisch für das Juwel oder ein Schmuckstück. Vermouth wie ein Rubin, Chartreuse so grün wie ein Smaragd und Gin funkelnd wie ein Diamant. So wurde er schon in ursprünglicher Form beschrieben.

Für klassische, aromatische Cocktails schreit ein ordentliches „Zibärtle" danach den Gin zu ersetzen, ja gar zu übertrumpfen. In unserem Schmuckstück hat der Diamant also lilane Lichtreflexe.

Mann, was ein funkelnder Geschmack!

Zutaten

30 ml Zibärtle Brand

30 ml roter Vermouth

30 ml Chartreuse Verte

1 Dash Orange Bitter

Glas

Tumbler

Garnitur

Zitronenzeste

Zubereitung

⟶ Alle Zutaten im Rührglas mit reichlich frischen Eiswürfeln gründlich kaltrühren. Das Ergebnis in einen mit frischen Eiswürfeln gefüllten Tumbler abseihen. Abschließend mit einer Zitrone abzesten.

FEIGENSIRUP

⟶ Unseren Feigensirup herzustellen ist denkbar einfach. Die frischen Feigen in schmale Scheiben schneiden, in eine Schüssel geben und mit demselben Gewicht an Zucker übergießen. Im besten Fall für 24 Stunden kühl stellen. Die Feige nimmt den Zucker von selbst auf und bindet ihn. Anschließend alles durch ein Feinsieb streichen und den entstehenden Sirup auffangen und in kleinen Mengen abgefüllt kalt stellen. Ihr habt nun einen frischen, leichten Feigensirup von großartigem Aroma. Da bei dieser Methode allerdings auf ein Erhitzen verzichtet wird, ist der Sirup auch von recht geringer Haltbarkeit. Hitze ist stets ein probates Mittel, um die Haltbarkeit zu verlängern. Jedoch sorgt sie bei Produkten mit filigranem Aroma gleichzeitig für einen Beigeschmack, der an etwas Marmeladiges erinnert. Etwas, das wir zu vermeiden versuchen.

KAFFEELIKÖR

Zutaten

200 ml gelagerter puerto-rikanischer Rum

350 ml junger kubanischer Rum

150 ml älterer kubanischer Rum

5 Vanilleschoten

3 Stangen Zimt (im Mörser zerstoßen)

5 g Anis

8 g Nelken

40 g Rosinen

15 g grob gemahlener südamerikanischer Kaffee

Der Likör eignet sich hervorragend für den puren Genuss, beispielsweise als Digestif, als Zutat in Drinks wie Espresso Martini oder White Russian oder als Akzent auf Desserts wie bspw. einer Kugel Vanilleeis.

⟶ Um Kaffeelikör selbst herzustellen, braucht ihr zunächst einmal allerhand Kräuter und Gewürze, eine Mischung aus unterschiedlichen gelagerten Rums und Kaffee.

⟶ Zunächst die drei Rums zu einem Blend verbinden und diesen über die Vanille und den Kaffee drippen lassen. Das Ergebnis mit 300 ml Espresso und 250 g Zucker und den übrigen Gewürzen für 24 Stunden stehen lassen, bis sich der Zucker gelöst hat. Anschließend erstmalig abschmecken. Der Geschmack sollte sich in Richtung Würze, frischer Kaffee, Rum, Melasse und Süße entwickelt haben. Die Schärfe des Rums sollte im Hintergrund stehen. Falls ihr mit dem Ergebnis nicht zufrieden seid, empfehlen wir mit weiterem Rum aufzuspritzen, mit weiterem Kaffee zu verdünnen oder nachzusüßen. Zu gegebenem Zeitpunkt dann den Likör durch ein feines Sieb in saubere Flaschen abfüllen und somit von den Gewürzen trennen.

WALNUSSESSENZ

Zutaten

200 g schwarze Walnüsse

2 Stangen Zimt

8 g Sternanis

11 g Nelken

3 Vanilleschoten

20 Pfefferkörner

700 ml Neutralalkohol

⟶ Die Basis für die Walnussessenz ist ähnlich der eines gewöhnlichen Cocktailbitters. Ein Neutralalkohol landwirtschaftlichen Ursprungs, dessen Alkoholgehalt zwischen 40 % und 50 % liegen sollte. In diesen werden schwarze Walnüsse und winterliche Gewürze wie Zimt, Anis, Nelken, Vanille oder schwarzer Pfeffer eingelegt. Aufgrund der geschmacksverstärkenden Wirkung des Alkohols wird das Aroma von Walnüssen und Gewürzen schnell intensiviert.

⟶ Alle Zutaten in ein verschließbares Behältnis geben und lichtgeschützt für 6 Wochen ziehen lassen. Der Alkohol entzieht in dieser Zeit den Nüssen und Gewürzen ihr Aroma. Sobald die 6 Wochen verstrichen sind, die Essenz probieren. Das Aroma sollte sehr intensiv, nussig und würzig-bitter sein. Abhängig vom Geschmack die Essenz entweder noch etwas ziehen lassen oder von Gewürzen und Nüssen trennen und abfüllen. An dieser Stelle sei noch einmal erwähnt, dass das Produkt nicht für den puren Genuss, sondern lediglich zum Aromatisieren von Drinks gedacht ist.

WALNUSSLIKÖR

Walnusslikör selbst zu machen ist eine zeitintensive und aufwendige Sache. Jedoch kann ich nur sagen: Es lohnt sich. Einige Informationen würden wir euch gerne mit auf den Weg geben, damit das Ganze eine gute Sache wird:

1. Walnusslikör macht man nicht über Nacht. Es dauert ungefähr ein halbes Jahr, bis der Likör fertig und rund ist. Ungeduldigen Menschen raten wir daher zum Kauf.

2. Bei der Verarbeitung von grünen Walnüssen empfehlen wir stets Handschuhe zu tragen, da sie sonst starke Flecken auf euren Händen hinterlassen.

3. Die Ernte grüner Walnüsse ist bis zur Sommersonnenwende möglich. (21. Juni). Ab diesem Zeitpunkt sind die Nussschalen bereits zu stark ausgebildet und die Nüsse lassen sich nicht mehr schneiden.

Zutaten

½ Vanilleschote

9 grüne Walnüsse

90 g braunen Kandis

120 g weißen Kandis

2 Zimtstangen

1 Sternanis

4 Piment

3 Nelken

700 ml Obstler (Mischung aus Birnen- und Apfelbrand)

Zubereitung

⟶ Wascht die Walnüsse gründlich ab und achtelt sie anschließend. Bei dieser Arbeit solltet ihr unbedingt Handschuhe tragen, da die Walnüsse sonst aggressive Flecken auf euren Händen hinterlassen.

⟶ Gebt den Obstler über die Nüsse und lasst diese Mischung für 10 Tage in einem Luftdicht abgeschlossenen Einmachglas auf der Fensterbank ziehen.

⟶ Passiert nach 10 Tagen die Nüsse ab und gebt den gewonnenen, aromatisierten Obstler über die Gewürze und den Zucker. Diese Mischung lasst ihr abermals 10 Tage in einem luftdicht abgeschlossenen Einmachglas auf der Fensterbank ziehen.

⟶ Passiert nach 10 Tagen die Gewürze und den noch nicht gelösten Zucker abermals ab und füllt den gewonnenen Likör in ein luftdicht abgeschlossenes Einmachglas, welches ihr von nun an kühl und dunkel bis zum Nikolaustag lagern solltet.

⟶ Zur Weihnachtszeit solltet ihr den Likör probieren und gegebenenfalls nachsüßen.

Selbstgemachte Zutaten

TIJUANA
BARRELVADIER
TIJUANA
BARRELVADIER
FASSGERE
ZIBÄRT
BIJOU

TER
FICHT
RHABARBER
RHABARBERLIKÖR
02.03.20
URLOFFEN // RENCHEN.

PARTY
SERVICE

Pistazien
Biershinken
Thymian
Rosmarin
Rohe Polnisch
Krakauer
Debrecziner
RohePolnische
Lammbeisser
Krakauer
Debreciner
Kalbsbraten
Ingwer
Merguez
TeeWurst
Merguez
Teewurst
Kreuzkümmel
Cayenn-Pfe

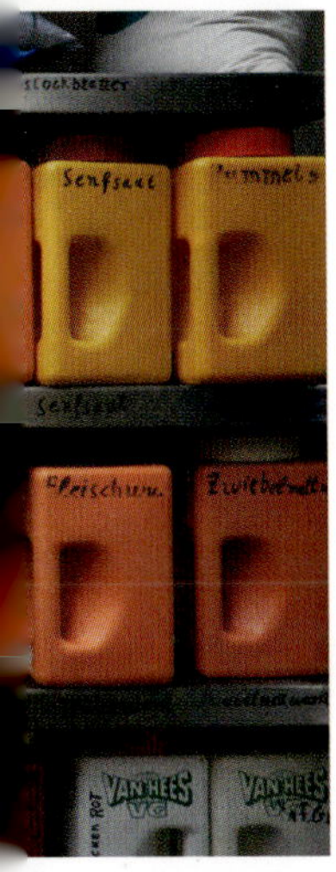

Senfsaat
VAN HEES
VAN HEES

35
24

The french connection

Es gibt zwei Varianten von regionalem oder lokalem Kochen: Die eine denkt in Schubladen, Staatsgrenzen und bestimmen historischen Zuschreibungen in der Kochtradition. Die andere denkt in Kulturräumen, die seit langer Zeit organisch gemeinsam funktionieren und in denen sich verschiedene Bereich gegenseitig befruchten und befeuern.

So funktioniert das Kochen im Schöllmanns.

Die Küche von Willi Schöllmann und seinem Team ist in erster Linie eine Küche, die man so in Deutschland nur recht selten geboten bekommt: nämlich eine klassische, handwerksbetonte und auf das exzellente Produkt fokussierte Küche, die sich am ehesten der französischen Brasserie oder dem französischen Bistro annähert. Aber eben mit einem klaren schwarzwäldischen, einem badischen Einschlag, den niemals jemand in irgendeiner Weise verhehlen wollte. Weder dogmatisch noch nach Sternen greifend. Weder aufdringlich noch langweilig. Weder vollgetrasht noch mit künstlichem Minimalismus zur Schau gestellt. Sondern es ist eine Küche der Körperlichkeit, der guten Basiszutat, der vollen, prägnanten Aromen und Geschmäcker. Eine Küche, die – ebenfalls durch die immer wieder aufflackernden Assoziationen zum urtypischen, deftigen, umamitriefenden Bar-Food – auch ganz eindeutig in gewisser Weise Sex sein will in einer Zeit, in der Essen und Ernährung oft wahlweise mit Selbstkasteiung oder Enthaltsamkeit zu tun haben.

Frankreich galore - aber nicht beliebig

Französisch zu kochen ohne dabei französische Begriffe zu verwenden ist in Deutschland so eine Sache: Viele Deutsche wissen gar nicht, dass auch solch fundamentale Herrlichkeiten wie eine echte, frisch geschlagene Remoulade zum Roastbeef ein französisches Ding sind. Oder eine perfekt geflämmte Lauchstange als Zwischengang. Solche Sachen wie eine charakteristische Vinaigrette, überhaupt (auch abseits der Remoulade) dieser virtuose Umgang mit dem Ei, ob im French Toast oder pochiert, letztlich auch das archetypische Schmoren, das die vermeintlich deutschen Rouladen hervorbringt – all das, was im Schoellmanns und in vielen Rezepten dieses Buches eine Rolle spielt, hat seine Wurzeln oder zumindest extrem enge Bezüge zur sogenannten französischen Küche.

Sogenannt? Ja! Denn an sich ist es falsch, von französischer Küche zu sprechen, wenn doch, siehe oben, alles organisch gewachsen ist. Schließlich hat dieser diffuse größere Bereich um Offenburg, der heute durch eine Staatsgrenze geteilt ist, eben ein großes gemeinsames kulturelles Erbe: Baden, Schwarzwald, Elsass, die Champagne, vielleicht auch noch der Norden des Burgund. Das alles ist eine große Koch- und Ess-Tradition, eine Heimstätte saftiger, intensiver, gewissermaßen geiler Küche. Da wird nicht gekleckert, da gibt es Essen für die Seele. Doch vielen Menschen ist das eben gar nicht klar. Weil man ja oft von der »französischen Küche« spricht, der viele Leute automatisch etwas Entrücktes, Versnobbtes attestieren. Oder man spricht von der »deutschen Küche« und meint es, zumindest tun das viele Deutsche, meist leicht abfällig. Aber beide Begriffe sind Quatsch. Als ob man in Brest genauso kochen würde wie in Marseille, oder in Flensburg so wie in Garmisch. Spannend wird es eben genau da, wo die einzelnen Regionalküchen sich über die heutigen Grenzen hinweg jahrhundertelang beeinflusst und zusammen entwickelt haben. Diese Küche zelebriert Willi Schöllmann, seit über zehn Jahren übrigens mit seinen beiden Küchenchefs Felix Pönitz und Marco Buchholz. Diese Küche zelebriert auch das vorliegende Buch.

Essen, das man anfassen will

Der französische Nordosten mit all seinen lukullischen Verlockungen liegt also nicht wirklich fern, wenn man in Offenburg lebt. Straßburg ist quasi um die Ecke, und Dijon und damit das Epizentrum der burgundischen Küche liegt fast noch in Reichweite für einen Tagesausflug, und sogar die Champagne ist mit dem Zug nur eineinhalb Stunden entfernt. Ist also eigentlich alles klar. Und wenn nicht gerade eine globale Pandemie grassiert, dann trifft man Willi Schöllmann durchaus immer mal wieder in der Champagne.

Wer im Schoellmanns oder bei einem Catering von Willi auf die Menükarten schaut und die Aromen der Schöllmann'schen Küche riecht, dass dort ohne Dogma gekocht wird, ohne Effektheischerei – aber in grandioser Qualität. Das Essen bei Willi hat, so habe ich es immer wahrgenommen und eben schon gesagt, einen zentralen Aspekt von Körperlichkeit. Man will eigentlich das Besteck fallenlassen und sein Essen anfassen. Und das gilt nicht nur für Dinge, die man beim Essen nunmal anfasst, wie etwa das beste Club Sandwich oder das beste Walnussbrot mit Avocado, das man je in seinem Leben hatte – es gilt eigentlich für alles, was Willi und sein Team im Schoellmanns, im vegetarischen Deli des Haus Zauberflöte oder bei der Vesper auf der St. Ursula-Hütte servieren. Immer ganz leicht überbordend, aber ohne verschwenderisch zu sein. Immer würzig, voll, komplex, aber niemals überfordernd oder schwer im eigentlichen Sinne. Und immer mit dem Herz im Schwarzwald.

Zutat, Zutat, Zutat!

Dass man solche eine Küche nicht allein durch grandioses Handwerk und ein leidenschaftliches Team erreicht, liegt auf der Hand. Das Verständnis für das, was jetzt kommt, ist auch wichtig, um die Gerichte aus diesem Buch nachzukochen. Denn wie schon bei den Drinks kann man es gar nicht ausreichend betonen: Die Qualität der Zutaten muss das Zentrum und der Beginn sein. Ich glaube, über nichts anderes habe ich so viel mit Willi Schöllmann gesprochen wie über die Zutaten seiner Küche und seiner Bar; über die Exzellenz der Produkte; über die Extra Mile, die Willi und seine Leute seit Jahren gegangen sind, gehen und auch künftig gehen werden. Bei diesem einen Thema wird Willi, der sonst oft sehr ruhig und bedacht wirkt, begeisterungsvoll und stürmisch, bei der Qualität der Zutaten und angesichts der Tatsache, dass er zu fast allem, was im Schoellmanns auf den Tisch kommt, ein Gesicht kennt. Das Gesicht vom Gemüsebauern. Vom Metzger. Vom Inhaber der Käserei. Vom Viehwirt, dessen Hühner und Rinder wirklich frei und zufrieden täglich über schwarzwälder Weiden laufen. Wer erleben will, wie ein Mensch aufgrund tagesfrisch gelieferter Milch in braunen Glasflaschen ins Schwärmen gerät, der muss nur Willi darauf ansprechen.

Den Begriff »Bio« braucht man in dem ganzen Zusammenhang gar nicht zu benutzen, man hört ihn bei Willi eigentlich nicht. Das liegt schlicht daran, dass biologisch (mindestens!) erzeugte Produkte im Schöllmann-Kosmos sowieso eine Selbstverständlichkeit sind. Da redet man gar nicht erst drüber. Es gibt wichtigere Themen. Zum Beispiel zu betonen, dass dieser ganze Komplex der regionalen, oft geradezu lokalen Bioprodukte, die Willis Küche verarbeitet, dort keine große politische oder weltanschauliche Komponente hat. Zumindest habe ich das nie so begriffen, Willi hat es auch nie so kommuniziert. Freilich ist es auch aus Sicht der Nachhaltigkeit und Ganzheitlichkeit umso besser, je mehr der Zutaten direkt vor der Haustür entstehen. Aber dieser abstrakte, langfristige Nutzen geschieht halt nebenbei. Im Schoellmanns allerdings steht eine andere, wiederum körperlichere, nahbarere Idee des Regionalen im Vordergrund: Je besser man die Herkunft kennt, um so mehr kann man sich auf die Qualität verlassen. Die Sachen schmecken einfach anders. Sie schmecken nach Zuhause, nach Terroir, nach Herkunft, eben unverwechselbar – solch ein Vokabular, oft verwendet für Wein, es gehört in Willi Schöllmanns generelle Auffassung von Kulinarik. Ohne diese Nähe zum Produkt, ohne die Leidenschaft fürs Echte geht das nicht.

Keine Angst, das bedeutet nicht, dass die Gerichte, die nun folgen, nur mit Kartoffeln, Saibling oder Römersalat aus dem Schwarzwald klappen, nur mit badischen Tomaten und Pastrami oder Roastbeef aus Endingen schmecken, dass die Brownies nur mit Butter von Willi Schöllmanns Lieblingsmolkerei funktionieren – im Gegenteil, das geht genauso gut mit Sachen von überall. Aber mit Liebe müssen sie ausgesucht sein, die Qualität muss stimmen. Und diese Qualität findet man glücklicherweise fast immer und in letzter Zeit auch immer besser an einem Ort, den es überall gibt: Vor der eigenen Haustür. Nur dann – mit Zutaten, auf die man Lust hat – funktioniert Willi Schöllmanns Küche. Alles andere wäre wie Sex ohne Partner. Ausgerechnet einem Franzosen sollte man sowas gar nicht erst zu erklären versuchen.

Nils Wrage

2016
Santenay 1er Cru
Les Gravières
Vincent

KITCHEN

GRANOLA-MÜSLI

Zutaten
für 1 Vorratsdose

1 Tasse Pekannüsse

½ Tasse Mandeln

2 Tassen Haferflocken

1 Tasse Kürbiskerne

1 Tasse Sonnenblumenkerne

½ Tasse Leinsamen

1 Tasse getrocknete Cranberrys

3 EL Kokosöl

3 EL Ahornsirup

3 TL Zimt

1 Tasse Rosinen

⟶ Den Ofen auf 200 Grad vorheizen. Pekannüsse und Mandeln grob hacken. Alle Zutaten (außer die Rosinen, Cranberrys, Kokosöl, Ahornsirup und Zimt) miteinander vermengen. Kokosöl, Ahornsirup und Zimt zu einer homogenen Flüssigkeit verrühren und unter die Nussmischung heben. Alles auf einem Backblech verteilen und 30 bis 40 Minuten backen.

⟶ Während der Backzeit die Nussmischung immer wieder umrühren, um sicherzustellen, dass alles schön knusprig und nicht zu braun wird.

⟶ Anschließend die Mischung abkühlen lassen und danach die Rosinen und die Cranberrys daruntermischen. Fertig!

⟶ Wir servieren unser Granola mit
Joghurt und frischen Früchten der Saison.

BIRCHER-MÜSLI

⟶ Walnüsse hacken. Apfel und Karotten schälen und fein raspeln, sofort mit dem Zitronen- und Orangensaft beträufeln. Nun alle Zutaten miteinander vermengen und gut zugedeckt über Nacht ziehen lassen.

⟶ 15 Minuten vor dem Verzehr aus dem Kühlschrank nehmen, portionieren und mit Apfelspalten und etwas Orangenabrieb servieren.

Zutaten
für 4 Portionen

1 Apfel

2 Karotten

1 Handvoll Walnüsse

½ Tasse Rosinen

1 Tasse Haferflocken

3 EL Agavensirup

½ TL Zimt

Saft von ½ Zitrone

Saft von ½ Orange

500 g Joghurt

ELVIS-BAGEL

Zutaten
für 2 Personen

4 Scheiben Schwarzwälder Schinkenspeck

2 Bagel

2 Bananen

2 große EL Erdnussbutter

50 g Butter

50 g Rohrzucker

viele bunte Smarties

⟶ Den Speck in einer Pfanne ohne Fett kross anbraten, herausnehmen und auf einem Küchentuch abfetten.

⟶ In der gleichen Pfanne den Zucker erhitzen und die Bananen darin karamellisieren. Butter hinzugeben und kurz aufschäumen lassen. Die Pfanne beiseitestellen.

⟶ Die Bagel halbieren, toasten und dick mit Erdnussbutter bestreichen. Die Bananen und den Speck darübergeben. Sofort servieren und genießen!

FRENCH TOAST

Zutaten
für 2 Personen

Toastbrot
(hausgebacken oder vom
Bäcker deines Vertrauens)

2 Bio-Eier

reichlich Puderzucker

75g Butter

80ml guter Ahornsirup

→ Die beiden Eier aufschlagen und in einem tiefen Teller mit der Gabel gut verquirlen. Das diagonal aufgeschnittene Toastbrot darin wenden und ein bis zwei Minuten ziehen lassen.

→ Butter in der Pfanne vorsichtig erhitzen und sobald diese aufgeschäumt ist, die eingeweichten Toastscheiben darin goldgelb ausbacken. Im Anschluss auf vorgewärmten Tellern anrichten, mit ordentlich Puderzucker bestreuen. Den Ahornsirup dazureichen. Im Sommer geben wir gerne frische Beeren jeglicher Art dazu.

Zutaten für 2 große
Kastenformen

800g Weizenmehl Typ 550

450ml Wasser

15g Salz

25g Malz

35g Butter

50g Milchpulver

35g Hefewürfel

Außerdem

2 Kastenformen und
ein schweres Backblech
zum Abdecken

Toastbrot

→ Die Hefe mit dem Salz in eine Rührschüssel geben und auflösen. Alle weiteren Zutaten hinzugeben und mit dem Knethaken einer Küchenmaschine oder dem Handrührgerät zu einem glatten Teig verarbeiten. Anschließend zugedeckt an einem warmen Ort für 30 Minuten gehen lassen.

→ Danach den Teig nochmals gut durchkneten, bis er schön glatt ist. Zu gleichen Teilen in die Kastenformen einfüllen. Sie sollten so groß sein, dass der Teig nun etwa ein Drittel der Kastenform einnimmt. Das Ganze abermals zugedeckt an einem warmen Ort für 30 Minuten gehen lassen und anschließend in dem auf 200 Grad vorgeheizten Backofen 45 Minuten backen. Während des Backvorgangs die Formen mit einem schweren Backblech oder Ähnlichem gut verschließen. Ziel ist es, dass kein Teig über den Rand hinausquillt.

→ Abgekühlt schmeckt das Toast frisch am allerbesten.

Tipp zur Bevorratung: Das kalte Toastbrot in Scheiben schneiden und in einer Frischhaltebox einfrieren. Je nach Bedarf können die einzelnen Toastscheiben dann entnommen und im Toaster à la minute getoastet werden. Hierzu bedarf es keiner Auftauzeit.

OMELETT MIT HAUSGEBEIZTEM LACHS

Zutaten
für 4 Personen

Lachs

250g Lachsfilet aus Wildfang oder Bio-Zucht

20g Dijon-Senf

2 EL gehackter frischer Dill

10g Rohrzucker

20g grobes Meersalz

Omelett

8 Bio-Eier

80g Butter

Fleur de Sel

Pfeffer aus der Mühle

⟶ Den Lachs mit Zucker und Salz einreiben, mit Senf bestreichen und mit Dill bestreuen. In Klarsichtfolie einwickeln und 24 Stunden im Kühlschrank ruhen lassen. Im Anschluss vorsichtig kalt abspülen und trocken tupfen. Der Lachs hält sich vakuumiert 2 Wochen im Kühlschrank.

⟶ Eier mit dem Schneebesen schaumig aufschlagen und mit Salz und Pfeffer würzen. Butter in einer Pfanne vorsichtig erhitzen, bis sie leicht schäumt. Die Eiermasse bei mittlerer Hitze hineingeben und mit dem Pfannenwender vorsichtig von außen nach innen schieben. Den Vorgang mehrmals wiederholen, bis das Ei die gewünschte Konsistenz erreicht hat. Zusammenklappen und auf einem vorgewärmten Teller anrichten.

⟶ Den in hauchdünne Scheiben geschnittenen Graved Lachs auf das warme Ei legen und zügig servieren. Dazu passt am besten Toastbrot.

AUSTERN-SHOT

Zutaten
für 6 Personen

6 frische Austern
deiner Wahl

½ frische Chili

20g Koriander

Saft einer halben Gurke

Saft einer Limette

1 Schuss Olivenöl

Fleur de Sel und Pfeffer
nach Belieben

Außerdem:

Crushed Eis ausreichend
für 6 Cocktail-Schalen
und ein Austernmesser

⟶ Koriander und Chili fein schneiden. Gurken- und Limettensaft zusammen mit dem Olivenöl mithilfe des Pürierstabs oder einem Mixer zu einer homogenen Flüssigkeit verarbeiten. Koriander und Chili hinzugeben (aber nicht mixen), mit Salz und Pfeffer nach Belieben abschmecken. Im Anschluss für 30 Minuten in den Kühlschrank stellen.

⟶ Kurz vor dem Servieren die Austern öffnen und auslösen. In der Schale auf Crushed Eis setzen. Den Shot auf 6 eiskalte Gläschen verteilen.

⟶ Zum Verzehr zuerst die Auster schlürfen und danach den Shot trinken!

Tipp: Falls ihr keinen Entsafter habt, könnt ihr die Gurke auch mit dem Pürierstab oder dem Mixer zerkleinern, durch ein feines Sieb streichen und den Saft auffangen.

Auster öffnen

Rezept

AVOCADOSALAT

Zutaten für 4 Personen

500 g Sommertomaten

3 reife Avocados

50 ml gutes Olivenöl

1 frische Chili

einige Zweige Koriander

Saft einer Zitrone

Pfeffer und Fleur de Sel nach Belieben

⟶ Die Tomaten waschen und in grobe Würfel schneiden. Den Avocadokern entfernen und die Avocado ebenfalls grob würfeln. Die Chili halbieren, die Kerne entfernen und fein schneiden, ebenfalls den Koriander, bitte nicht hacken! Alle Zutaten vorsichtig vermengen und mit Fleur de Sel und Pfeffer abschmecken. Für 10 bis 15 Minuten bei Zimmertemperatur ziehen lassen und im Anschluss mit frischem Baguette servieren.

Tipp: Wenn ihr den Salat außerhalb der Tomatensaison zubereiten wollt, empfehlen wir euch Kirsch-Strauch-Tomaten zu verwenden, da diese außerhalb der Saison deutlich aromatischer schmecken.

CAESAR SALAD

Zutaten
für 4 Personen

Dressing

200 ml gutes Pflanzenöl

1 Bio-Eigelb

2 Knoblauchzehen

40 ml Branntweinessig

15 g Parmesan

10 g süßer Senf

10 g Dijon-Senf

5 g hausgemachtes grünes Pesto
⟶ S. 257

2 Sardellenfilets

Salat

2 Römersalate,
ersatzweise
1 großer Kopfsalat

85 g Parmesan,
fein gerieben

½ Baguette

40 ml gutes Olivenöl

⟶ Für das Dressing alle Zutaten bis auf das Öl in einer Rührschüssel mit dem Schneebesen verquirlen. Das Öl unter ständigem Rühren in einem feinen Strahl hinzugeben, bis eine sämige Konsistenz erreicht ist.

⟶ Baguette in 0,5 Zentimeter dicke Scheiben schneiden. Das Olivenöl in der Pfanne erhitzen und die Baguettescheiben darin von beiden Seiten goldbraun anrösten.

⟶ Den Salat waschen, trocken schütteln und in einer großen Schüssel mit dem Dressing vermengen. Die Croutons darübergeben und alles mit fein geriebenem Parmesan bestreuen.

⟶ Dazu passt gebratenes Geflügel.

⟶ Im Sommer servieren wir den Caesar Salad mit reifen Gurken und Tomaten.

GRÜNER SPARGEL MIT EIER-VINAIGRETTE

Zutaten für 4 Personen

500 g grüner Bio-Spargel

2 Schalotten

2 reife Sommertomaten

4 Bio-Eier

100 ml Himbeeressig

70 ml gutes Olivenöl

1 TL Senf

Saft einer Zitrone

Salz und Pfeffer

Blatt-Petersilie

→ Den grünen Spargel waschen und das untere, holzige Endstück abschneiden. Dann den Spargel für ca. fünf Minuten im kochenden Wasser blanchieren und anschließend im Eiswasser abschrecken, damit er seine schöne Farbe behält, und beiseitelegen.

→ Jetzt machen wir ein sogenanntes Tomaten-Concassée.

→ Hierfür werden die Tomaten auf der Unterseite leicht über Kreuz eingeschnitten und kurz blanchiert. Die Haut lässt sich jetzt ganz leicht abziehen. Anschließend werden die Tomaten entkernt und das Fruchtfleisch fein gewürfelt. Fertig!

→ Für die Vinaigrette die Schalotten fein würfeln und mit Essig, Senf, Zitronensaft, Salz und Pfeffer mit dem Schneebesen vermengen und dann in einem feinen, gleichmäßigen Strahl unter ständigem Rühren das Olivenöl hinzugeben.

→ Die Eier nicht ganz hart kochen, bei mittlerer Eiergröße ca. 6–7 Minuten, nicht mehr. Anschließend abschrecken, schälen und fein würfeln und zusammen mit den Tomaten vorsichtig unter die Vinaigrette heben.

→ Blatt-Petersilie fein schneiden und hinzugeben.

→ Den Spargel nun in einer heißen Pfanne in Olivenöl kurz anschwenken und anschließend auf Tellern anrichten, die Vinaigrette darübergeben.

Bonne Table!

TOMATEN-MOZZARELLA-TERRINE

Zutaten
für 6 Personen

350g gegrilltes Gemüse
(jeweils ein Drittel Aubergine,
Paprika, Zucchini)
⟶ S.236
Armer Grieche

10 getrocknete Tomaten
in Olivenöl

3 Büffelmozzarella
à ca. 150g

viel frischer Basilikum
(mindestens 1 Bund)

Salz

Pfeffer aus der Mühle

sehr gutes Olivenöl

⟶ Den Büffelmozzarella und die Tomaten gut abtropfen lassen.

⟶ Eine Terrinenform mit Klarsichtfolie auslegen und mit einem Drittel des dünn geschnittenen Büffelmozzarella als erste Schicht verlegen. Jetzt im Anschluss wie folgt schichten: Basilikumblätter, Aubergine, Zucchini, ein weiteres Drittel des Büffelmozzarellas, Basilikumblätter, Paprika, getrocknete Tomaten und den Rest des Mozzarellas.

⟶ Die Mozzarella-Schichten jeweils mit Salz, Pfeffer und Olivenöl würzen.

⟶ Die Folie darüber verschließen und mit dem Handrücken sehr fest andrücken. Das Ganze mit einer Mineralwasserflasche oder Ähnlichem beschweren und 24 Stunden im Kühlschrank stehen lassen.

⟶ Kurz vor dem Servieren die Büffelmozzarella-Terrine vorsichtig aus der Form herauslösen, in fingerdicke Scheiben schneiden und auf Tellern anrichten. Dazu passt Blattsalat und frisches Bauernbrot.

TOKIO-EIER

Zutaten
für 6 Personen

6 Eier

1 Zwiebel

1 Lauchzwiebel

4 Radieschen

1 daumengroßes Stück Ingwer

50 g Sonnenblumenkerne

75 g Mayonnaise
→ S.241

150 ml Sojasauce &
750 ml Wasser

50 ml Himbeeressig

20 ml Sesamöl

Prise Salz

¼ Chili

Außerdem

Brett & Messer

Kochtopf

Schüsseln

Spritzbeutel & Tülle

Zu beachten: Die Eier müssen bereits am Vortag in die Soja-Wasser-Lake und die Zwiebelringe in den Himbeeressig eingelegt werden!

→ Sojasauce und Wasser in ein hohes Glas geben und prüfen, ob die Mischung die gewünschte Salzigkeit hat. Je nach Sojasauce kann das Verhältnis nach Belieben angepasst werden.

→ Die Eier zehn Minuten in einem Topf mit Wasser kochen, herausnehmen und eiskalt abschrecken, schälen und in der Soja-Wasser-Lake über Nacht einlegen.

→ Die Zwiebel in dünne Ringe schneiden, mit einer Prise Salz würzen und ebenfalls über Nacht in den Himbeeressig einlegen.

→ Die eingelegten Eier gut abtropfen, der Länge nach durchschneiden und das Eigelb herausnehmen. Eigelb zusammen mit der Mayonnaise, dem Sesamöl, Salz und etwas fein geschnittener Chili zu einer cremigen Masse aufschlagen. Die Masse mithilfe eines Spritzbeutels oder zwei Teelöffeln in die Eiweißhälften füllen.

→ Die Sonnenblumenkerne in der Pfanne ohne Fett anrösten und die Lauchzwiebel in feine Ringe schneiden. Ingwer schälen und in hauchdünne Scheiben schneiden.

→ Zum Anrichten die Eier auf die Vorspeiseteller setzen, die Lauchzwiebeln darüberstreuen und die Zwiebelringe aus dem Essig nehmen und darüberlegen. Zum Schluss den Ingwer und die Sonnenblumenkerne darübergeben. Lasst es euch schmecken!

CARPACCIO À LA FELIX

Zutaten
für 4 Personen

500 g Rinderfilet

60 ml gutes Olivenöl

Saft von einer Zitrone

2–3 Zweige Basilikum

100 g Parmigiano Reggiano

Fleur de Sel

Pfeffer aus der Mühle

Carpaccio-Sauce

150 g Mayonnaise
⟶ S.241

50 g grünes Pesto
⟶ S.257

20 ml Worcestershiresauce

60 g Sauerrahm

⟶ Das Rinderfilet mit einem breiten, sehr scharfen Messer in hauchdünne Scheiben schneiden und pro Portion ausgebreitet auf eine Frischhaltefolie legen. Darüber eine weitere Frischhaltefolie geben und mit der flachen Seite des Messers das Fleisch plattieren. Im Anschluss die obere Frischhaltefolie abziehen und das Fleisch mithilfe der verbleibenden Folie auf vorgekühlte Teller stürzen und vorsichtig anrichten.

⟶ Das Fleisch auf den Tellern mit Olivenöl, Zitronensaft, Fleur de Sel und Pfeffer vorsichtig einreiben und zum Marinieren kaltstellen.

⟶ Für die Carpaccio-Sauce die Mayonnaise, das Pesto, die Worcestershire-sauce und den Sauerrahm gut verrühren.

⟶ Das Carpaccio muss nun zeitnah serviert werden. Die Teller aus dem Kühlschrank nehmen und die Carpaccio-Sauce gitterförmig über dem Fleisch anrichten. Zum Schluss den Parmigianio Reggiano darüberreiben oder -raspeln und mit fein geschnittenem Basilikum garnieren. Fertig!

Anmerkung: Das Fleisch kann auch am Vortag im Ganzen mariniert und in der Frischhaltefolie über Nacht gefrostet werden. Kurz vor dem Servieren mithilfe einer Aufschnittmaschine in hauchdünne Scheiben schneiden.

ROTE-LINSEN-SUPPE

⟶ Karotten und Ingwer schälen und grob zerkleinern, Paprika würfeln. Gemüsebrühe zum Kochen bringen, Karotten, Ingwer und Chili darin kochen, bis die Karotten weich sind. Alles pürieren, dann mit Kokosmilch, Paprikapulver und Salz abschmecken und noch einmal aufkochen lassen. Rote Linsen und rote Paprika dazugeben und zehn Minuten kochen lassen.

⟶ Mit Salz, Pfeffer und Zitronensaft nach Belieben würzen.

Zutaten
für 6 Personen

2 l Gemüsebrühe

2 Karotten

60 g Ingwer

1 Chili

1 l Kokosmilch

250 g rote Linsen

1 rote Paprika

Paprikapulver

Salz

Pfeffer aus der Mühle

einige Tropfen Zitronensaft

GESCHMORTER LAUCH

Zutaten
für 4 Personen

als Beilage zum Aperitif
oder Fingerfood

2 Stangen bester Lauch
aus der Region

50 ml gutes Olivenöl

Saft von einer Zitrone

Pfeffer und Fleur de Sel

⟶ Den Backofen auf 220 Grad vorheizen, Lauch gründlich waschen, den obersten grünen Teil entfernen. Die äußerste Hülle vorsichtig aufschneiden und beiseitelegen. Den inneren Teil in ca. 6 cm große Stücke schneiden und wieder in die Hülle geben. In eine tiefe Backform legen und mit Olivenöl beträufeln. Je nach Dicke der Lauchstangen 7–15 Minuten schmoren.

⟶ Anschließend aus dem Ofen nehmen und mit Olivenöl, Zitronensaft, Fleur de Sel und Pfeffer abschmecken.

⟶ Zum Servieren den Lauch mit Holzspießen anrichten. Fertig!

Anmerkung: Der Geschmack des Grundprodukts steht hier an allererster Stelle. Deshalb Augen auf beim Lauchkauf!

AVOCADO MIT POCHIERTEM EI AUF WALNUSSBROT

Zutaten für 2 Personen

4 halbe Scheiben Walnussbrot

2 Avocados

4 Bio-Eier

60 ml Essig

einige Tropfen frischer Zitronensaft

Salz

Fleur de Sel

Pfeffer aus der Mühle

→ Die Avocados halbieren, mithilfe eines Löffels das Fruchtfleisch entfernen und in eine Schüssel geben. Mit dem Zitronensaft beträufeln und mit einer Gabel fein zerdrücken. Mit Salz und Pfeffer abschmecken.

→ Wasser in einem Topf auf 90 Grad erhitzen und den Essig hinzugeben. Die Eier vorsichtig aufschlagen, in das simmernde Wasser gleiten lassen und im Anschluss drei Minuten pochieren.

→ Das Walnussbrot toasten. Die Avocadomasse auf den getoasteten Brotscheiben verteilen und mit dem Löffel je eine Mulde eindrücken.

→ Mit dem Schaumlöffel die pochierten Eier aus dem Wasser herausnehmen und vorsichtig in die Mulden setzen.

→ Mit Fleur de Sel und Pfeffer würzen.

ARMER GRIECHE

Zutaten
für 2 Personen

Grillgemüse

½ Aubergine

½ Zucchini

1 rote Paprika

Fleur de Sel

Pfeffer aus der Mühle

gutes Olivenöl

Eingelegte Oliven

200 g grüne Oliven (mit Stein) in der Salzlake

100 ml gutes Olivenöl

2 Knoblauchzehen

1 frische Chili

1 Zweig Blatt-Petersilie

Sandwich

200 g Feta

1 Handvoll Blattsalat

Gurke

Tomate

4 Scheiben Walnussbrot

grünes Pesto
⟶ S.257

Außerdem:

Holzspieße

Eingelegte Oliven

⟶ Zwei Tage zuvor: die Oliven aus der Salzlake nehmen und für eine Nacht in Wasser einweichen. Am nächsten Tag gut abtropfen und in ein passendes Schraubglas geben. Das Olivenöl, den fein gehackten Knoblauch, die in Ringe geschnittene Chili und die geschnittene Blatt-Petersilie hinzugeben. Gut umrühren und geschlossen bei Zimmertemperatur über Nacht ziehen lassen.

Grillgemüse

⟶ Aubergine und Zucchini in Scheiben schneiden und von beiden Seiten insgesamt ca. zehn Minuten grillen (hierzu hast du entweder eine geeignete Grillpfanne oder den Backofen). Paprika im 225 Grad heißen Backofen für ca. 20 Minuten rösten und im Anschluss die Schale abziehen. Nun das Gemüse auf einer Servierplatte ausbreiten und mit Olivenöl, Fleur de Sel und Pfeffer einreiben.

Sandwich

⟶ Das Walnussbrot toasten, mit dem grünen Pesto bestreichen und mit Feta, Grillgemüse, Salat, Gurke und Tomate belegen und übereinanderstapeln. Mithilfe von Holzspießen fixieren und die eingelegten Oliven separat dazureichen.

Tipp: Wir empfehlen, das Walnussbrot beim Bäcker deines Vertrauens vorzubestellen.

PASTRAMISANDWICH

Zutaten
für 2 Personen

250g Pastrami

150g Essiggurken

2 Roggen-Kümmel-Brötchen oder -Brot

80g Mayonnaise
⟶ S.241

40g Senf

außerdem: Holzspieße

Unser Pastrami beziehen wir vom befreundeten Metzger aus Endingen – herrlich!

⟶ Den Senf und die Mayonnaise in einer Schüssel zu einem Senf-Mayo verarbeiten.

⟶ Pastrami und die Essiggurken hauchdünn schneiden.

⟶ Das Gurkenwasser im Topf auf ca. 80 Grad erhitzen (nicht kochen) und das Pastrami und die Essiggurken darin heißlegen.

⟶ Die Brötchen oder das Brot aufbacken oder toasten, mit Senf-Mayonnaise bestreichen und mit Pastrami und Gurken belegen und mit Holzspießen fixieren.

⟶ Dazu servieren wir Kopfsalat oder Wildkräuter.

Anmerkung: Unsere Roggen-Kümmel-Brötchen backen wir selbst. Dem Aufwand geschuldet empfehlen wir euch, diese beim Bäcker eures Vertrauens zu bestellen.

CLUBSANDWICH

Zutaten
für 2 Personen

Clubsandwich

300 g Bio-Hähnchenbrust

4 Scheiben Schwarzwälder Schinkenspeck

2 Bio-Eier

½ Salatgurke

2 Strauchtomaten

1 Handvoll Blattsalat oder Wildkräuter

6 Toastbrot-Scheiben

Pflanzenöl zum Anbraten

Mayonnaise

6 Bio-Eigelb

1 EL Senf

20 ml Essig zum Aufschlagen

Saft von ½ Zitrone

500 ml gutes Sonnenblumenöl

Salz

Pfeffer aus der Mühle

Cocktailsauce

100 g Mayonnaise

25 g Tomatenmark

10 ml Branntweinessig

½ TL Rohrzucker

10 ml Cognac

einige Tropfen frisch gepresster Orangensaft

außerdem: Holzspieße

Mayonnaise

⟶ Eigelb und Senf in einer runden Schüssel mit dem Schneebesen oder dem Handrührgerät schaumig schlagen. Das Öl langsam in einem feinen Strahl hinzugeben und währenddessen ständig weiterschlagen, bis eine cremige Mayonnaise entsteht. Mit Salz, Pfeffer und Zitronensaft abschmecken.

⟶ Die Mayonnaise ist gut verschlossen im Schraubglas im Kühlschrank aufbewahrt mehrere Tage haltbar.

Cocktailsauce

⟶ Alle Zutaten mit dem Schneebesen in einer Schüssel zu einer lachsfarbenen Cocktailsauce verarbeiten und kaltstellen.

Clubsandwich

⟶ Die Hähnchenbrust in vier gleichmäßig dicke Scheiben schneiden und mit dem Pflanzenöl in einer Pfanne von beiden Seiten kross anbraten, entnehmen und im auf 180 Grad vorgeheizten Backofen gar ziehen lassen (ca. 10 Minuten).

⟶ Den in dünne Scheiben geschnittenen Speck in der gleichen Pfanne ebenfalls kross anbraten und die Eier darüber aufschlagen. Nach kurzer Zeit wenden, wenn die Eier die gewünschte Konsistenz erreicht haben.

⟶ Das getoastete Brot je auf einer Seite dünn mit Mayonnaise bestreichen und vier der Scheiben mit fein geschnittener Gurke, Tomate und Salat belegen. Anschließend die Hähnchenbrust auf zwei Toast-Scheiben und die Speckeier auf weitere zwei Toast-Scheiben legen und das Ganze übereinanderstapeln und mit den beiden verbleibenden Toast-Scheiben deckeln. Mit Holzspießen fixieren und diagonal durchschneiden.

⟶ Mit Cocktailsauce als Dip servieren.

Anmerkung: Bei uns wird das Toastbrot selbst gebacken ⟶ S.204. Dem Aufwand geschuldet empfehlen wir euch, das Toastbrot beim Bäcker um die Ecke und wenn möglich nicht im Supermarkt zu kaufen.

UNSERE CURRYWURST

Unsere Currywurst ist der ideale Snack für späte Gäste. Wir wecken diese zwecks der Haltbarkeit in Gläser ein und können sie dann à la minute im laufenden Bargeschäft mithilfe des Wasserbads heiß servieren. Die Wurst selbst beziehen wir vom befreundeten Metzger aus Endingen – in unserem Fall eine weiße ohne Darm.

Zutaten
für 6 Personen

6 weiße Oberländer-Würste (ohne Darm)

Pflanzenöl zum Braten

Currysauce

2 Zwiebeln

2 Knoblauchzehen

25 g frischer Ingwer

1 Stange Zitronengras

400 g Schältomaten aus der Dose

30 g Rohrzucker

40 g Tomatenmark

30 g gelbe Currypaste

30 ml Himbeeressig

Pflanzenöl zum Dünsten

10 g Currypulver

Würste

⟶ Etwas Pflanzenöl in die Pfanne geben und die Würste langsam anbraten, bis sie goldbraun sind und ihre feinen Röstaromen entwickelt haben.

Currysauce

⟶ Zwiebeln, Knoblauch und Ingwer schälen und sehr fein würfeln. In einem Topf mit etwas Pflanzenöl andünsten, die Currypaste hinzugeben und bei starker Hitze gut verrühren. Mit dem Himbeeressig und den Tomaten ablöschen und mit Zucker abschmecken. Nun das Ganze im Topf fein pürieren und im Anschluss mit etwas Tomatenmark abbinden. Das Zitronengras auf einem Brett grob zerschlagen und in der Currysauce auf niedriger Flamme zehn Minuten ziehen lassen und im Anschluss wieder herausnehmen.

⟶ Die Würste grob geschnitten in vorgewärmten Schälchen anrichten und die heiße Currysauce darübergeben. Großzügig mit Currypulver bestreuen und sofort servieren.

⟶ Dazu eignet sich am besten frisches Baguette.

CROQUETTERIA MIT MOJO-DIP

Zutaten für 6 Personen

Krokettenmasse

1,2 kg Kartoffeln (mehligkochend)

400 g Weizenmehl Typ 550

1 Bio-Ei

Salz

Pfeffer

Muskat

Zum Panieren

300 g Paniermehl

2 Bio-Eier

Zum Frittieren

2 l gutes Sonnenblumen- oder Erdnussöl

Grüner Mojo-Dip

2 grüne Paprika

3 frische Jalapeños (ersatzweise eingemachte aus dem Glas)

4 Knoblauchzehen

100 ml gutes Olivenöl

40 g frischer Koriander

10 g Kreuzkümmel

2 TL Honig

grobes Meersalz

Pfeffer aus der Mühle

⟶ Kartoffeln waschen, schälen, nochmals waschen und 30 Minuten in Salzwasser kochen. Anschließend durch eine Kartoffelpresse drücken und ausdampfen lassen. Mit Salz, Pfeffer und Muskat würzen und das Ei und das Mehl hinzugeben.

⟶ Die Kartoffelmasse gut durchkneten und zu Bällchen von ca. 40 g formen (ergibt ca. 35 bis 40 Kroketten).

⟶ Nun 2 Eier aufschlagen und in einer Schüssel gut verquirlen. Eine weitere Schüssel mit dem Paniermehl bereitstellen. Die Kroketten zunächst im Ei und dann im Paniermehl wälzen, bis diese vollständig ummantelt sind.

⟶ Währenddessen einen großen Topf mit dem Pflanzenöl auf 170 Grad erhitzen und die Kroketten nacheinander in kleineren Mengen darin jeweils ca. 3 Minuten ausbacken. Wenn sie aufsteigen, sind sie fertig.

⟶ Für die Mojo-Dips je alle Zutaten in einen Mixer zu einer homogenen Masse verarbeiten.

⟶ Je nach Bedarf ein paar Tropfen Wasser hinzugeben.

⟶ Die heißen Kroketten zusammen mit den beiden Dips servieren.

Roter Mojo-Dip

200 g getrocknete Tomaten

1 Chili

2 Knoblauchzehen

20 g frischer Koriander

50 ml gutes Olivenöl

50 g rote Paprika

Saft einer ½ Zitrone

grobes Meersalz

Pfeffer aus der Mühle

FALAFEL MIT BABA GANOUSH UND MINZ-JOGHURT

Zutaten
für 6 – 8 Personen

Minz-Joghurt

500 g Naturjoghurt

Saft einer Zitrone

1 Bund frische Minze

Salz

Pfeffer aus der Mühle

Baba Ganoush

600 g Auberginen

100 ml gutes Olivenöl

Saft einer Zitrone

1 frische Chili

Salz

Pfeffer

Paprikapulver

Kreuzkümmel

Falafelmasse
ergibt ca. 30 – 35 Stück

1 kg getrocknete Kichererbsen

225 g Weizenmehl Typ 550

1 ½ rote Paprika

2 frische Chili

250 g frischer Koriander

3 Bio-Eier

Salz

Pfeffer aus der Mühle

Paprikapulver

Kreuzkümmel

1,5 l Pflanzenöl
zum Ausbacken

⟶ Kichererbsen 12 Stunden in kaltem Wasser einweichen und anschließend eine Stunde weichkochen.

Minz-Joghurt:
⟶ Naturjoghurt mit Zitronensaft und fein geschnittener Minze vermischen und mit Salz und Pfeffer abschmecken.

Baba Ganoush:
⟶ Auberginen schälen und in 2 x 2 Zentimeter große Würfel schneiden, auf einem Backblech ausbreiten und mit dem Olivenöl beträufeln. Im vorgeheizten Backofen bei 200 Grad 15 Minuten backen. Anschließend mit der Chilischote und den Gewürzen im Mixer pürieren und mit Zitronensaft abschmecken. Danach in eine Servierschüssel umfüllen.

Falafel:
⟶ Koriander, zwei Chilis und rote Paprika grob zerkleinern, würzen und zusammen mit den abgetropften Kichererbsen in einem Mixer fein pürieren. Anschließend in eine Rührschüssel geben. Ei, Mehl und Gewürze hinzufügen und alles zu einem glatten Teig verarbeiten. Mit den Händen gleich große Bällchen von etwa 50 Gramm formen. Das Pflanzenöl in einem Topf erhitzen und die Falafelbällchen darin goldbraun ausbacken und auf dem Küchenpapier abfetten.

⟶ Das Baba Ganouch auf die Teller geben, den Minz-Joghurt darüber und die Falafel-Bällchen daraufsetzen.

POLENTA-PIZZA

Zutaten
für 6 Personen

Polenta

800 ml Gemüsebrühe

300 g Polenta-Grieß

gutes Olivenöl

Muskatnuss

Salz

Pfeffer aus der Mühle

Für den Belag
(je nach Saison
und Vorlieben)

6 Pilze

2 Tomaten

¼ Brokkoli

¼ Kürbis

¼ Paprika

250 g passierte und pürierte Tomaten

2 Knoblauchzehen

je 1 Handvoll frische Kräuter wie z. B. Oregano und Thymian

⟶ Den Ofen auf 200 Grad vorheizen. Gemüsebrühe zum Kochen bringen, Polenta-Grieß zügig einrühren und einen Schuss Olivenöl hinzugeben. Mit Salz und Muskatnuss abschmecken und gar quellen lassen. Die Polentamasse mithilfe eines Teigschabers auf einem mit Backpapier ausgelegten Backblech verteilen.

⟶ Gemüse in dünne Streifen schneiden. Passierte Tomaten, Knoblauch und die Hälfte der frischen Kräuter mit dem Olivenöl im Mixer zu einer Sauce pürieren und anschließend auf dem Polentaboden verteilen. Das Gemüse darübergeben und das Ganze im Ofen für etwa 30 Minuten backen.

⟶ Vor dem Servieren nochmals salzen, pfeffern und mit Olivenöl beträufeln. Die restlichen frischen Kräuter darüber garnieren.

GNOCCHI IN TOMATEN-SALBEI-BUTTER

Zutaten
für 4 Personen

Gnocchi

½ kg Kartoffeln (mehligkochend)

200 g Weizenmehl Typ 550

1 Bio-Ei

Salz

Pfeffer aus der Mühle

Muskatnuss

Tomatensauce

500 g geschälte Tomaten aus der Dose

1 Zwiebel

1 Knoblauchzehe

1 frische Chili

10 ml gutes Olivenöl

2–3 Zweige Basilikum

Salz

Pfeffer aus der Mühle

Salbei-Butter

100 g Butter

1 großer Zweig Salbei

80 g Parmigiano Reggiano, fein gerieben

⟶ Kartoffeln schälen und 25 Minuten im Salzwasser kochen lassen, entnehmen und anschließend durch eine Kartoffelpresse drücken und ausdampfen lassen. Mit Salz, Pfeffer und Muskatnuss würzen und mit Mehl und dem Ei zu einer glatten Teigmasse verarbeiten. Den Teig portionsweise zu einer Schlange ausrollen und mit dem Messer gleich große Stücke von etwa drei Zentimetern abschneiden. Die einzelnen Stücke mit einer Gabel leicht andrücken, sodass sie die typische Gnocchi-Form annehmen.

⟶ Auf einem bemehlten Backbrett beiseitestellen.

⟶ Für die Tomatensauce Zwiebeln und Knoblauch schälen und fein hacken. In Olivenöl mit Chili andünsten und die fein geschnittenen Schältomaten mit ihrem Saft hinzufügen. Das Ganze eine halbe Stunde lang auf niedriger Flamme köcheln lassen. Mit Salz, Pfeffer und dem fein geschnittenen Basilikum abschmecken und alles gut verrühren.

⟶ In einem großen Topf gesalzenes Wasser aufkochen und die Gnocchis portionsweise darin gar ziehen. Die Gnocchis sind jeweils fertig, wenn sie an die Wasseroberfläche aufsteigen. Danach mit dem Schaumlöffel herausnehmen und mit kaltem Wasser abschrecken.

⟶ Die Gnocchis in einer großen Pfanne mit der Tomatensauce erhitzen und die Butter bei leichtem Köcheln langsam einrühren. Zum Schluss den fein geschnittenen Salbei hinzufügen und vorsichtig unterheben.

⟶ Jetzt zügig auf vorgewärmten Pasta-Tellern anrichten, mit dem Parmesan bestreuen und servieren.

KÄSESPÄTZLE

Zutaten
für 4 Personen

Für die Spätzle

500 g Weizenmehl Typ 550
(ersatzweise Dinkelmehl)

10 Bio-Eier

10 g Salz

½ TL Kurkuma

Außerdem

300 g Bergkäse, fein gerieben
(6–12 Monate gereift)

150 ml Schlagsahne

70 g Butter

1 große Zwiebel

Salz

Pfeffer

Muskatnuss

Salat

1 Kopfsalat

Salat-Dressing

80 ml gutes Olivenöl

60 ml Branntweinessig

½ TL Senf

Pfeffer

1 Prise Salz

etwas Fleischbrühe
wahlweise Gemüsebrühe

optional: fein gehackte
Petersilie und Schalotten

→ Für die Spätzle trennst du zuerst bei 5 Eiern das Eigelb vom Eiweiß und nimmst lediglich das Eigelb. Von den restlichen 5 Eiern das volle Ei und gibst beides in eine Rührschüssel. Füge das Mehl hinzu und schlage den Teig am besten in einer Rührmaschine glatt, so lange, bis sich kleine Bläschen bilden. Statt der Rührmaschine kannst du auch ein Handrührgerät mit Knethaken verwenden.

→ Den Teig für eine halbe Stunde bei Zimmertemperatur ruhen lassen. In der Zwischenzeit bringst du einen Topf mit Wasser zum Kochen, Salz hinzufügen und los geht's!

→ Der Spätzleteig wird nun mithilfe eines breiten Messers oder einer Palette direkt vom Brett ins kochende Wasser geschabt. Achte hierbei darauf, immer eine kleine Menge Teig auf das Brett zu streichen und es ab und an kurz ins Wasser zu tauchen, um den Teig feucht zu halten. Wenn nun die Spätzle an die Wasseroberfläche aufsteigen, nimmst du sie mithilfe eines Schaumlöffels aus dem Wasser und schreckst sie mit kaltem Wasser oder besser Eiswasser ab. Den Vorgang so lange wiederholen, bis der Spätzleteig aufgebraucht ist. Im Anschluss die kalten Spätzle aus dem Eiswasser nehmen und beiseitestellen.

→ Für die Schmelzzwiebeln schneiden wir zuerst die große Zwiebel in feine Ringe und schwitzen diese dann mit ca. 40 Gramm Butter in einer Pfanne an, so lange, bis sie eine schöne goldgelbe Färbung angenommen haben.

→ Die restliche Butter in einer großen Pfanne vorsichtig schmelzen. Die Spätzle hinzugeben und mehrmals durch die Butter schwenken. Dann den geriebenen Käse zufügen und wiederum mehrfach schwenken. Dabei die Temperatur so lange erhöhen, bis der Käse geschmolzen ist. Mit Sahne ablöschen und so lange reduzieren lassen, bis eine cremige Konsistenz entsteht. Je nach Belieben kann man die Spätzle nun goldgelb anbraten oder direkt zum Servieren herausnehmen. Auf Tellern anrichten, mit Salz und Pfeffer würzen und die Schmelzzwiebeln darübergeben. Es braucht nicht viel mehr dazu als einen frischen grünen Salat, und fertig ist das perfekte Soulfood.

→ Den Kopfsalat gut waschen, grob zerteilen und trocken schütteln. Für das Dressing kurz vor dem Servieren alle Zutaten außer den Schalotten und der Petersilie zu einer homogenen Flüssigkeit schütteln, rühren oder mixen.

→ Das fertige Dressing über den Kopfsalat geben und unterheben. Nach Belieben Schalotten und Petersilie darübergeben.

MARCOS PULPO-SALAT

Zutaten
für 4 Personen

Pulpo

1,5 kg fangfrischer Pulpo

2 kg beste
festkochende Kartoffeln

1 rote Paprika

2 Stangen Staudensellerie

3 Lauchzwiebeln

80 ml gutes Olivenöl

250 ml trockener Weißwein

Salz

Pfeffer aus der Mühle

Dressing

½ TL Rohrzucker

15 ml Branntweinessig

1 Knoblauchzehe

5 schwarze Pfefferkörner

1 Schalotte

1 TL Dijon-Senf

150 ml Sonnenblumenöl

25 ml Himbeeressig

Salz nach Belieben

→ Fünf Liter Wasser salzen und zusammen mit dem Weißwein in einem großen Topf aufkochen. Pulpo 5 Minuten lang darin köcheln lassen und mit dem Deckel fest verschließen, von der Flamme nehmen und 1,5 Stunden ruhen lassen. Währenddessen das Gemüse waschen, putzen und in feine Streifen oder Scheiben schneiden. Kartoffeln schälen und in gleich große Scheiben schneiden. Das Olivenöl in einer Pfanne erhitzen, die rohen Kartoffeln darin von beiden Seiten kross anbraten und beiseitestellen.

→ Den Pulpo putzen, Augen und Schnabel entfernen. Kopf und Arme klein schneiden.

→ Die Kartoffeln aus der Pfanne nehmen, etwas frisches Olivenöl hinzugeben und erhitzen. Den Pulpo darin scharf anbraten, das restliche Gemüse und die Kartoffeln hinzugeben und bei schwacher Hitze und mehrmaligem Schwenken zehn Minuten ziehen lassen.

→ Kurz vor dem Servieren das Salatdressing untermengen. Den Salat auf vorgewärmten tiefen Tellern anrichten.

→ Für das Dressing alle Zutaten bis auf das Öl in einer Rührschüssel mit dem Schneebesen verquirlen. Das Öl unter ständigem Rühren in einem feinen Strahl hinzugeben, bis eine sämige Konsistenz erreicht ist.

KALTGERÄUCHERTER SAIBLING

Zutaten
für 6 Personen

Kaltgeräucherter Saibling
6 fangfrische Bachsaibling-Filets
100 g Meersalz
20 g Zucker

außerdem:
2 Handvoll Buchenholzspähne für den Smoker

Beluga-Linsen
150 g Beluga-Linsen
100 ml hausgemachtes Salat-Dressing
⟶ S.252
50 g grünes Pesto

Süß-saures Wurzelgemüse
2 Karotten
½ Fenchel
¼ Knollensellerie
1 Pastinake
30 ml gutes Olivenöl
50 g Himbeeressig
50 g Honig
30 g frischer Dill
Pfeffer aus der Mühle

Grünes Pesto
10 g Meersalz
1 frische Chili
2 Knoblauchzehen
Saft von 2 Zitronen
340 ml Sonnenblumenöl
160 g Petersilie (glatt)
70 g Parmesan
250 ml gutes Olivenöl
240 g frischer Basilikum

Kaltgeräucherter Saibling

⟶ Meersalz und Zucker in 1 Liter kaltes Wasser geben und die Fischfilets einen Tag darin im Kühlschrank ziehen lassen, herausnehmen, mit klarem Wasser abspülen und trocken tupfen.

⟶ In einer Räucherbox oder einem Smoker über Buchenholzspähnen 30 Minuten bei etwa 70 Grad räuchern.

⟶ Solltet ihr keine Räucherbox oder Smoker besitzen, könnt ihr die geräucherten Saibling-Filets auch beim Fischhändler eures Vertrauens vorbestellen.

Beluga-Linsen

⟶ Beluga-Linsen nach Anleitung kochen und mit dem Salat-Dressing und dem Pesto bis zur Fertigstellung des süß-sauren Wurzelgemüses marinieren.

Süß-saure Wurzelgemüse

⟶ Karotten, Fenchel, Sellerie und Pastinaken schälen und in etwa vier Millimeter große Würfel schneiden. Das Olivenöl in einer Pfanne erhitzen und die Gemüsewürfel darin andünsten. Mit Honig und Himbeeressig ablöschen und gut durchschwenken. Mit dem fein geschnittenen Dill und etwas Pfeffer verfeinern.

Grünes Pesto

⟶ Für das Pesto alle Zutaten in einen Mixer geben und so lange pürieren, bis eine homogene Konsistenz erreicht ist. Zutaten für 1 Vorratsportion – hält sich in einem gut verschlossenen Schraubglas im Kühlschrank mindestens 2 Wochen.

⟶ Das Gericht wird optimalerweise lauwarm serviert.

SPAGHETTI VONGOLE

Zutaten
für 4 Personen

1 kg Venusmuscheln

6 Sommertomaten (wahlweise außerhalb der Saison: Kirschtomaten)

6 Knoblauchzehen

3 Schalotten

1 frische Chili

60 ml gutes Olivenöl

100 ml Weißwein

40 g Butter

2 Stangen Lauchzwiebeln

20 g Blatt-Petersilie

Pfeffer und Fleur de Sel

Außerdem

500 g Spaghetti

⟶ Die Venusmuscheln gründlich putzen und mit klarem Wasser abspülen. Dabei die geöffneten Muscheln entsorgen.

⟶ Einen großen Topf mit Wasser für die Spaghetti aufsetzen. Sobald das Wasser kocht, eine gute Prise Salz und die Spaghetti hineingeben und „al dente“ garen.

⟶ Dann eine Tomaten-Concassée herstellen. Hierfür werden die Tomaten auf der Unterseite leicht über Kreuz eingeschnitten und kurz blanchiert. Die Haut lässt sich jetzt ganz leicht abziehen. Anschließend werden die Tomaten entkernt und das Fruchtfleisch fein gewürfelt.

⟶ Den Knoblauch in feine Scheiben schneiden, Schalotten fein würfeln, Chili halbieren, Kerne entfernen und fein schneiden.

⟶ Das Olivenöl in einer großen Pfanne erhitzen und die Schalotten zusammen mit dem Knoblauch anschwitzen. Die Lauchzwiebeln in feine Ringe schneiden und mit den Tomaten hinzugeben. Nun das Ganze kurz stark erhitzen und mit Weißwein ablöschen. Die Venusmuscheln in die Pfanne geben und bei geschlossenem Deckel so lange dämpfen, bis alle Muscheln geöffnet sind. Die „al dente“ gekochten Spaghetti mit etwas Nudelwasser hinzufügen und mehrmals alles durch die Pfanne schwenken.

⟶ Mit Petersilie bestreuen. Fertig!

10
12
105

ROASTBEEF, SAUCE REMOULADE UND BRATKARTOFFELN

Zutaten
für 6 Personen

Roastbeef

1,5 kg gut abgehangenes und pariertes Roastbeef am Stück regional und vom Metzger deines Vertrauens

2 Knoblauchzehen

1 Zweig Rosmarin

40 ml gutes Sonnenblumenöl

Bratkartoffeln

1,5 kg vorwiegend festkochende Kartoffeln

1 große Zwiebel

80 ml gutes Sonnenblumenöl

Sauce Remoulade

3 Bio-Eigelb

400 ml gutes Sonnenblumenöl

70 g Kapern, abgetropft

70 g Essig-Gurken, abgetropft

30 g Sardellen

3 Schalotten

1 EL Senf

2 EL Essig

Saft einer halben Zitrone

Für alles

Salz

Fleur de Sel

Pfeffer aus der Mühle

⟶ Die Kartoffeln gründlich waschen und in einem Topf mit Wasser bedeckt ca. 25 Minuten bissfest kochen (gern auch schon am Vortag). In ein Sieb abschütten, in warmem Zustand pellen und kaltstellen.

⟶ Das Sonnenblumenöl in einer gusseisernen Pfanne erhitzen, das Roastbeef von allen Seiten scharf anbraten, bis es goldbraun ist. Den Knoblauch und den Rosmarin hinzufügen und vom Herd nehmen. Zugedeckt für 15 Minuten ruhen lassen.

⟶ Den Backofen auf 120 °C vorheizen und das Roastbeef auf einem Rost über einem Blech für ca. 30 Minuten garen, bis eine Kerntemperatur von idealerweise 55 °C erreicht ist.

⟶ In der Zwischenzeit die Remoulade zubereiten. Hierzu das Eigelb mit dem Senf, Salz, Pfeffer und Essig in eine Rührschüssel geben und mit dem Schneebesen zu einer glatten und luftigen Masse schlagen. Unter ständigem Weiterschlagen das Öl sehr langsam hinzugeben, bis eine cremige Mayonnaise entstanden ist. Die fein gehackten Gurken, Sardellen, Kapern, Zwiebeln und Petersilie hinzufügen und unterrühren. Mit Zitronensaft, Salz und Pfeffer abschmecken.

⟶ Die kühlschrankkalten Kartoffeln in dünne Scheiben von circa drei bis vier Millimeter schneiden und die Zwiebel fein hacken. In einer großen Pfanne das Sonnenblumenöl stark erhitzen und die geschnittenen Kartoffeln hineingeben, scharf anbraten und ab und zu vorsichtig wenden, so lange, bis die Kartoffeln schön kross sind. Am Ende mit Butter und den Zwiebeln schwenken. Mit Salz und Pfeffer ordentlich abschmecken.

⟶ Zum Anrichten das Roastbeef in sehr dünne Scheiben schneiden und auf vorgewärmten Tellern anrichten. Mit Fleur de Sel und Pfeffer würzen. Die Sauce Remoulade und die Bratkartoffeln dazureichen.

Roastbeef

Bratkartoffeln

Sauce Remoulade

BEEF TATAR

Zutaten
für 4 Personen

600 g Rinderfilet
oder ein mageres Stück
(z. B. Hüfte oder Rücken)

4 Bio-Eigelb

2 Schalotten

4 Essiggurken

2 gehäufte Teelöffel
scharfer Dijon-Senf

50 g Kapern

Pfeffer und Fleur de Sel
nach Belieben

außerdem reichen wir
frische Chili (fein geschnitten)
oder Tabasco

⟶ Schalotten, Essiggurken und Kapern jeweils fein würfeln. Einzeln in separate Schälchen geben.

⟶ Das Rinderfilet mit einem großen scharfen Messer sehr fein zu einem Tatar hacken.

⟶ Anschließend das Rindertatar auf einem vorgekühlten Teller portionieren, das Eigelb vorsichtig auf dem Tatar anrichten. Mit Fleur de Sel und Pfeffer nach Belieben würzen und zusammen mit den anderen Zutaten servieren.

⟶ Man kann das Tatar aber auch bereits in der Küche fertig mischen. Hierzu werden alle Zutaten in einer Schüssel miteinander vermengt, bis eine glatte, geschmeidige Masse entstanden ist, und im Anschluss auf den vorgekühlten Tellern portioniert.

⟶ Dazu passen Bratkartoffeln ⟶ S.263 oder gebuttertes Toast.

Anmerkung: Oft wird das Tatar mithilfe eines Fleischwolfs zubereitet. Für den Geschmack und die Textur finden wir, ist es allerdings besser, das Fleisch mit einem scharfen Messer zu hacken, da beim Fleischwolf die Fasern zu sehr gequetscht werden.

ENTRECÔTE, SAUCE BÉARNAISE, SPECKBOHNEN UND GRATIN

Zutaten
für 4 Personen

Entrecôte

4 mal 250 g gut gereiftes Entrecôte vom Metzger deines Vertrauens

gutes Sonnenblumenöl

Fleur de Sel

Pfeffer aus der Mühle

Sauce béarnaise

3 Zweige Estragon

2 Schalotten

1 Wacholderbeere

150 ml Weißwein

250 g Butter

2 Bio-Eigelb

2 Lorbeerblätter

½ Tomate

20 ml Branntweinessig

Saft einer Zitrone

Cayennepfeffer

Salz, Pfeffer aus der Mühle

Speckbohnen

300 g grüne Bohnen

8 Scheiben Schwarzwälder Schinkenspeck

Gratin

1 kg Kartoffeln vorwiegend festkochend

200 ml Sahne

150 g Bergkäse

20 g Butter

1 geschälte Knoblauchzehe

Salz, Pfeffer aus der Mühle

Muskatnuss

⟶ Für das Gratin Kartoffeln waschen, schälen und in hauchdünne Scheiben schneiden. Eine Auflaufform mit Butter ausreiben. Kartoffelscheiben darin auffächern. Die Sahne mit Salz, Pfeffer und Muskatnuss abschmecken, die gehackte Knoblauchzehe hinzugeben und über die Kartoffeln gießen. Den Käse darüberreiben. Im 170 Grad vorgeheizten Ofen 30 bis 40 Minuten gratinieren.

Tipp: Das Gratin kann auch bereits am Vortag zubereitet werden – dann schmeckt es noch besser! In diesem Fall einfach zehn Minuten vor dem Entrecôte und den Bohnen zum Regenerieren in den Backofen stellen und alles gleichzeitig entnehmen und servieren.

⟶ Das Entrecôte von beiden Seiten je 1 bis 2 Minuten bei sehr starker Hitze scharf anbraten oder grillen und beiseitestellen. Den Backofen auf 120 Grad vorheizen.

⟶ Grüne Bohnen waschen, putzen, für 5 Minuten im kochenden Salzwasser blanchieren und im Eiswasser-Bad abschrecken, sodass sie ihre schöne grüne Farbe behalten. Gut abtropfen und in gleichmäßigen Bündeln in dem Schinkenspeck einrollen. Mit einem Zahnstocher fixieren und in einer Pfanne kurz scharf ohne Öl anbraten. Die Bohnen herausnehmen und in die Pfanne zum beiseitegestellten Entrecôte legen.

⟶ Diese für 10 bis 15 Minuten in den vorgeheizten Ofen stellen.

⟶ In einem Topf Weißwein, Lorbeerblätter, Wacholderbeere, Essig, Tomate und die Hälfte des Estragons und die grob zerteilten Schalotten aufkochen und auf ein Drittel der Menge einreduzieren. Die Reduktion fein absieben und beiseitestellen.

⟶ Butter in einem kleinen Topf erhitzen und aufkochen lassen, bis die Butter klar und die Molke sichtbar getrennt ist. Den weißen Schaum abnehmen und beiseitestellen.

⟶ Ein Wasserbad aufstellen.

⟶ In einer Rührschüssel die Reduktion mit dem Eigelb mit einem Schneebesen aufschlagen und auf das Wasserbad setzen. Im Anschluss unter ständigem Weiterschlagen das flüssige, warme Butterschmalz sehr langsam hinzufügen, bis eine luftig-schaumige Konsistenz erreicht ist.

⟶ Um ein Gerinnen der Sauce zu verhindern, darf diese nicht zu heiß werden.

⟶ Zum Schluss mit dem fein geschnittenen Estragon, Zitronensaft und Cayennepfeffer abschmecken.

⟶ Bon Appétit!

YVONNES ROULADEN

Zutaten
für 4 Personen

6 dünne Scheiben Rinderrouladen (am besten aus der Oberschale) vom Metzger deines Vertrauens

12 dünne Scheiben Schwarzwälder Räucherspeck

2 Essiggurken

2 große Zwiebeln

1 EL Mehl

5 TL scharfer Senf

2 Karotten

2 Stangen Staudensellerie

¼ Sellerieknolle

5 EL gutes Pflanzenöl

3 EL Tomatenmark

500 ml guter Rotwein

500 ml Consommé, selbst gemacht ⟶ S.276, ersatzweise Rinderfond aus dem Glas

Cayennepfeffer

Salz

Pfeffer

1 Kopf Endiviensalat

hausgemachtes Salat-Dressing ⟶ S.252

Außerdem

Schmortopf oder schwere Pfanne mit Deckel

⟶ Essiggurken der Länge nach und eine Zwiebel in dünne Scheiben schneiden.

⟶ Karotten, Staudensellerie, Knollensellerie und die andere Zwiebel schälen, in grobe Würfel schneiden und beiseitestellen.

⟶ Rouladenscheiben auf einem großen Brett ausbreiten, leicht salzen, pfeffern und dünn mit Senf bestreichen. Mit Cayennepfeffer nach Belieben schärfen. Jeweils mit zwei Scheiben Räucherspeck, den Zwiebel- und Essiggurken-Scheiben belegen.

⟶ Die Längsseiten der Rouladenscheiben nach innen einschlagen, aufrollen und dann mit Spießen feststecken. Die Rouladen mit Mehl bestäuben.

⟶ Das Pflanzenöl im Schmortopf erhitzen und die Rouladen rundum scharf anbraten. Im Anschluss salzen, pfeffern und aus dem Topf nehmen.

⟶ Im Bratfett das gewürfelte Gemüse bei mittlerer Hitze andünsten. Das Tomatenmark unterrühren und so lange dünsten, bis alles schön glänzt und tomatisiert ist. Mit dem Rotwein und der Brühe ablöschen und die Rouladen wieder hinzugeben. Im geschlossenen Topf eine gute Stunde bei schwacher Hitze schmoren lassen.

⟶ Den Endiviensalat waschen, trocken schütteln und die Blätter in möglichst feine, gleichmäßige Streifen schneiden. Das Salatdressing herstellen und beiseitestellen.

⟶ Anschließend die Rouladen herausnehmen und die Sauce mit dem Gemüse so lange weiterkochen, bis die gewünschte Konsistenz erreicht ist.

⟶ Nun das Ganze durch ein Feinsieb streichen und die Sauce auffangen. Den leeren Schmortopf mit der abpassierten Sauce und den Rouladen auf den Herd stellen und heiß ziehen.

⟶ Kurz vor dem Servieren den Salat anmachen.
Als Beilage empfehlen wir Bandnudeln.

Guten Appetit!

GESCHMORTE LAMMSCHULTER

Zutaten
für 6 Personen

Lammschulter

2 Lammschultern à 1 kg

2 Zwiebeln

3 Karotten

¼ Knollensellerie

80 g Tomatenmark

500 ml Rotwein

1 Lorbeerblatt

2 Wacholderbeeren

1 Zweig Rosmarin

1 Nelke

Fleur de Sel

Salz

Pfeffer aus der Mühle

Pflanzenöl zum Braten

Süßkartoffelpüree

1 kg Süßkartoffeln

150 g Butter

Salz

Pfeffer aus der Mühle

Kreuzkümmel

⟶ In einer Kasserolle das Pflanzenöl erhitzen und die Lammschultern von allen Seiten goldbraun anbraten. Die Lammschultern wieder herausnehmen. Das Gemüse waschen, schälen und grob zerkleinern und in der Kasserolle kräftig anrösten. Das Tomatenmark hinzugeben und gut unterrühren. Wenn alles schön glänzt und tomatisiert ist, mit dem Rotwein ablöschen. Das Fleisch wieder dazugeben und mit kaltem Wasser auffüllen, sodass alles vollständig bedeckt ist. Lorbeerblatt, Wacholderbeeren, Rosmarin und Nelke hinzufügen, salzen und pfeffern.

⟶ Das Ganze aufkochen und bei mittlerer Hitze im geschlossenen Topf für 1½ Stunden schmoren lassen.

⟶ Die Süßkartoffeln schälen und in kochendem Salzwasser 10 bis 15 Minuten weichkochen. Das Wasser abschütten und die Süßkartoffeln für einige Minuten im Topf ausdampfen lassen.

⟶ Die Butter, Salz, Pfeffer und Kreuzkümmel hinzugeben und das Ganze mit dem Stabmixer zu einem Süßkartoffelpüree verarbeiten.

⟶ Das Fleisch herausnehmen und im auf 50 Grad vorgeheizten Ofen warmstellen. Den Sud abpassieren und im Topf so lange einreduzieren, bis die gewünschte Konsistenz erreicht ist. Vor dem Servieren abschmecken und das Fleisch wieder hinzugeben. Mit Fleur de Sel bestreuen.

⟶ Zum Anrichten das Fleisch vom Knochen lösen und in fingerdicke Scheiben schneiden. Das Süßkartoffelpüree auf vorgewärmten Tellern glatt streichen, das Fleisch darauflegen und mit Sauce überziehen.

CONSOMMÉ

Zutaten
für 6 Personen

Brühe

1,5 kg Knochen
vom Rind und Kalb

300 g Fleischabschnitte

2 Karotten

¼ Knollensellerie

½ Fenchel

3 Zwiebeln

2 Knoblauchzehen

1 Bund Blatt-Petersilie

10 ganze schwarze
Pfefferkörner

2 Lorbeerblätter

1 Nelke

1 Wacholderbeere

Salz

Pfeffer aus der Mühle

Muskatnuss

Ein Schuss Cognac

Zum Klären des Consommé

300 g Rinderhackfleisch

2 Karotten

1 Zwiebel

2 Stangen Staudensellerie

2 Tassen zerstoßenes Eis

5 Eiweiß von Bio-Eiern

⟶ Für die Brühe die gesäuberten Zwiebeln mit Schale halbieren und auf Schnittstelle in einem großen Topf ohne Öl anrösten, bis diese leicht schwarz sind.

⟶ Die Karotten, Knollensellerie, Fenchel und Knoblauch schälen und grob zerteilen und ebenfalls mit anrösten. Das Fleisch und die Knochen dazugeben und gut umrühren. Mit einem Schuss Cognac ablöschen und mit kaltem Wasser aufgießen, bis alles vollständig bedeckt ist. Pfefferkörner, Lorbeerblätter, Nelke und Wacholderbeere dazugeben und für mindestens drei, besser noch fünf Stunden ohne Deckel köcheln lassen. Immer wieder mit Wasser auffüllen, sodass alles gut bedeckt bleibt. Zum Schluss mit Salz, Pfeffer und Muskatnuss würzen.

⟶ Das Ganze durch ein grobes Sieb geben und die Flüssigkeit auffangen.

⟶ Die Rinderbrühe im Topf beiseitestellen.

⟶ Zum Klären das Gemüse putzen, schälen und in ca. 0,5 Zentimeter große Würfel schneiden.

⟶ In einer Schüssel das Hackfleisch mit den Gemüsewürfeln und dem Eiweiß gut vermengen. Die Hackfleisch-Gemüse-Masse vorsichtig in den Topf mit der Brühe geben und sehr langsam zum Kochen bringen. Im Anschluss eine halbe Stunde köcheln lassen, nicht umrühren!

⟶ Danach die Einlage mit dem Schaumlöffel entnehmen und die geklärte Kraftbrühe durch ein Passiertuch abpassieren. Je nach Bedarf nochmals einreduzieren und abschmecken.

Fertig.

JUS!

Zutaten

2 kg Kalbsknochen und Fleischabschnitte

4 Karotten

5 Zwiebeln

½ Knollensellerie

2 Tomaten

½ Fenchel

5 Knoblauchzehen

2 EL Tomatenmark

1 l guter Rotwein

½ TL Salz

20 ganze schwarze Pfefferkörner

1 Zweig Rosmarin

2 Nelken

3 Wacholderbeeren

5 Lorbeer-Blätter

Jus – unverzichtbare Grundlage für unsere Saucen!

⟶ Knochen und Fleischabschnitte auf einem Blech ausbreiten und im vorgeheizten Backofen bei 200 Grad gut 30 Minuten rösten.

⟶ In der Zwischenzeit die gesäuberten Zwiebeln mit Schale halbieren und in einem Topf ohne Öl auf der Schnittstelle anrösten, bis diese gut geschwärzt sind. Das Gemüse schälen, würfeln und im Topf mit den Zwiebeln ebenfalls anrösten. Tomatenmark hinzufügen und so lange rühren, bis alles schön glänzt und tomatisiert ist. Das Ganze mit 250 Milliliter Wasser ablöschen und weiter dünsten. Die Knochen und das Fleisch beigeben. Mit Salz, Pfefferkörnern, Rosmarin, Nelke, Wacholder und Lorbeerblättern bestücken und mit dem Rotwein und einem halben Liter Wasser auffüllen, sodass alle Zutaten bedeckt sind. Alles 8 bis 12 Stunden auf niedriger Flamme köcheln lassen und immer wieder mit Wasser aufgießen, sodass alle Zutaten bedeckt bleiben. Anschließend das Ganze grob absieben (z. B. durch ein Nudelsieb) und die aufgefangene Flüssigkeit wiederum zum Kochen bringen und bei schwacher Hitze einreduzieren, bis die gewünschte Konsistenz erreicht ist. Zum Schluss durch ein feines Sieb abpassieren und abschmecken.

Tipp: Zu Hause könnt ihr die Jus portionsweise sehr gut einfrieren und bei Bedarf entnehmen.

CRÈME BRÛLÉE

Zutaten
für 6 Personen

700 ml Sahne

300 ml frische Vollmilch

1 Vanilleschote

150 g Zucker

12 Bio-Eigelb

Außerdem brauchst du einen Bunsenbrenner und feuerfeste Schälchen.

⟶ Vanilleschote der Länge nach aufschneiden und das Mark herauskratzen. Das Mark, die Schote, Sahne und Milch zusammen unter ständigem Rühren aufkochen. Dann zur Seite stellen und auf mindestens 60 Grad abkühlen lassen.

⟶ In einer Schüssel Eigelb und Zucker mit dem Schneebesen schaumig schlagen und anschließend in die Sahne-Milch-Mischung einrühren. Nun die flüssige Crème in flache Schälchen füllen und auf ein Backblech oder in eine Auflaufform mit Rand stellen. Nun das Blech mit kaltem Wasser bis knapp unter dem Rand der mit Crème befüllten Schälchen vorsichtig auffüllen.

⟶ Im vorgeheizten Ofen 35 bis 45 Minuten bei 150 Grad im Wasserbad gar ziehen lassen.

⟶ Nach Ablauf der Zeit kann man einen kleinen Rütteltest machen. Ist die Crème zu flüssig, muss sie nochmals für kurze Zeit zurück in den Ofen.

⟶ Für ein optimales Ergebnis die fertige Crème über Nacht kaltstellen und 30 Minuten vor dem Servieren aus dem Kühlschrank nehmen.

⟶ Zum Servieren wird die Oberfläche der Crème gleichmäßig mit Zucker bestreut und mit einem Bunsenbrenner goldbraun karamellisiert.

Tipp: Am besten am Vortag zubereiten.

Leckerer Tip: Auf Wunsch flambieren wir die fertig karamellisierte Crème Brûlée mit Kirschwasser. Hierzu einfach 10–20 ml feinstes Kirschwasser über die Karamellschicht geben und nach dem Servieren anzünden.

MOUSSE AU CHOCOLAT

→ Die Sahne aufschlagen und kaltstellen. Kuvertüre im Wasserbad schmelzen. Zucker und Eigelb in einem weiteren Wasserbad schaumig schlagen und anschließend im Eisbad kaltrühren. Die geschmolzene Schokolade in die Zucker-Ei-Masse geben und unterrühren. Alles langsam in die aufgeschlagene Sahne unterheben.

→ Vor Verzehr mindestens zwei bis drei Stunden kaltstellen.

→ Zum Anrichten mithilfe eines im Wasserbad angewärmten Löffels schöne Nocken ziehen und mit Früchten je nach Saison oder leicht geschlagener Sahne servieren.

Zutaten
für 6 Personen

40g Rohrzucker

2 Bio-Eigelb

600ml frische Sahne

200g dunkle Kuvertüre
je nach Gusto

Außerdem

Eiswürfel für das Eisbad

POCHIERTE BIRNE MIT SALZKARAMELL

**Zutaten
für 4 Personen**

2 schöne große Birnen

100 g Zucker

1 Zimtstange

1 Vanilleschote

400 ml Weißwein

Karamell

75 g Butter

100 g Zucker

50 ml Weißwein

100 ml Wasser

75 ml Sahne

Fleur de Sel

⟶ Die Birnen schälen und dabei, wenn möglich, den Stiel nicht abschneiden. Die Birne durch den Stiel halbieren und das Gehäuse entfernen.

⟶ Den Zucker in einen ausreichend großen Topf geben und bei mittlerer Hitze leicht karamellisieren. Mit Weißwein und Wasser ablöschen. Zimt und die längs aufgeschnittene Vanilleschote hinzugeben und so lange aufkochen, bis sich der Zucker vollständig aufgelöst hat.

⟶ Nun die Birnenhälften mit der flachen Seite nach unten nebeneinander in den Topf geben, sodass diese vollständig mit der Flüssigkeit bedeckt sind. Das Ganze noch einmal kurz aufkochen lassen und anschließend 7 bis 12 Minuten bei zugedecktem Topf ziehen lassen.

⟶ Für das Karamell lässt du die Butter mit dem Zucker in einer Pfanne leicht karamellisieren und löschst das Ganze mit Wasser und dem restlichen Weißwein ab. Bei schwacher Hitze einköcheln lassen und nach und nach die Sahne unterrühren, bis die gewünschte Konsistenz erreicht ist.

⟶ Zum Anrichten setzt du die gut abgetropften Birnenhälften auf die Teller und begießt sie vorsichtig mit der Karamell-Masse. Jetzt noch ein wenig Fleur de Sel – fertig!

Hierzu servieren wir unser selbst gemachtes Walnuss- oder Vanilleeis ⟶ S.288.

DUMMES, KARAMELLISIERTEN BANANEN UND ERDNUSSBUTTEREIS

„Dummes" kommt aus dem Badischen. Dieser Begriff wurde verwendet, wenn der Hausfrau die Pfannkuchen missglückt sind und diese zerfetzt in der Pfanne lagen. Ähnlich dem bekannten Kaiserschmarrn. Hier unsere Interpretation:

Zutaten
für 6 Personen

Teig

120 ml Vollmilch

280 g Weizenmehl Typ 550

1 Päckchen Backpulver

100 g Rohrzucker

4 Bio-Eier

Pflanzenfett zum Ausbacken

Bananenkaramell

4 Bananen

100 g Rohrzucker

100 g Butter

40 ml Jamaica-Rum

Erdnussbuttereis

50 g Rohrzucker

2 Bio-Eigelb

120 g Glukose

250 ml Sahne

125 g Erdnusspaste

Außerdem

Eismaschine

Erdnussbuttereis

⟶ Sahne in einem Topf erwärmen. Glukose hinzugeben und so lange bei schwacher Hitze rühren, bis sich die Glukose aufgelöst hat. Erdnusspaste unterrühren. Die Eigelbe und den Zucker hinzufügen und zu einer homogenen Eismasse verrühren.

⟶ Die fertige Eismischung in die Eismaschine füllen und warten, bis die gewünschte Konsistenz der Eiscreme erreicht ist (ca. 20–30 Minuten). Je frischer die Eiscreme, desto besser schmeckt sie.

Dummes

⟶ Für den Teig Mehl, Backpulver und Zucker in eine Schüssel geben und mit der Milch und den Eiern glatt rühren. Den Teig für 30 Minuten ruhen lassen.

⟶ Das Pflanzenfett in einer Pfanne erhitzen und den Teig hinzufügen. Auf kleiner bis mittlerer Stufe für ca. fünf Minuten goldbraun backen. Dabei regelmäßig überprüfen, dass die Unterseite nicht anbrennt. Anschließend wenden, von der anderen Seite ebenfalls goldbraun backen und den Teig mit dem Pfannenwender in kleine Stücke reißen.

Bananenkaramell

⟶ Eine weitere Pfanne erhitzen, den Zucker hineingeben und warten, bis dieser karamellisiert. Die in Scheiben geschnittenen Bananen hinzugeben. Mit dem Jamaica-Rum ablöschen und die Butter unterziehen.

⟶ Die Pfannkuchen auf Tellern verteilen, die karamellisierten Bananen darübergeben und mit dem Eis toppen.

BROWNIE MIT VANILLEEIS

Zutaten
für 8 Personen

Brownie

600 g Rohrzucker

900 g Schoko-Tropfen
(64 % Kakao)

160 g Butter

8 Bio-Eier

200 g Schmand
oder Crème fraîche

110 g Weizenmehl

80 g dunkler Kakao

2 TL Backpulver

Vanilleeis

350 ml Sahne

350 ml Milch

6 Bio-Eigelb

120 g Glukose

2 Vanilleschoten

Saft von ½ Limette

Außerdem

tiefes Backblech

Eismaschine

Brownie

→ Backofen auf 170 Grad vorheizen.

→ Zucker, 600 Gramm Schoko-Tropfen und die Butter in eine Rührschüssel geben und im Wasserbad zum Schmelzen bringen.

→ Anschließend mit dem Handrührgerät oder der Küchenmaschine auf mittlerer Stufe so lange rühren, bis sich der Zucker vollständig aufgelöst hat.

→ Im 30-Sekunden-Takt jeweils zwei Eier hinzufügen.

→ Schmand oder Crème fraîche unterrühren. Mehl, Kakao und Backpulver mischen und ebenfalls unterrühren. Nun die restlichen Schoko-Tropfen hinzugeben und unter die Masse heben. Das Backblech einfetten, mit Backpapier auslegen und mit dem Teig befüllen.

→ Im Ofen eine Stunde backen.

Vanilleeis

→ Sahne und Milch erwärmen. Die Vanilleschoten der Länge nach aufschneiden, das Mark herauskratzen und beides in die Sahne-Milch-Mischung geben. Glukose hinzufügen und mit dem Schneebesen so lange verrühren, bis die Glukose geschmolzen ist. Eigelb und Zucker in einer Rührschüssel gründlich aufschlagen und in die Sahne-/Milchmischung einrühren. Mit Limettensaft abschmecken.

→ Die fertige Eismischung in die Eismaschine füllen und warten, bis die gewünschte Konsistenz der Eiscreme erreicht ist (ca. 20–30 Minuten). Je frischer die Eiscreme, desto besser schmeckt sie.

→ Den warmen Brownie zusammen mit der Eiscreme und etwas aufgeschlagener Sahne servieren.

SCHOELLMANNS
HAUSGEMACHTES EIS & SORBET
Vanilla
120 ML – ZUTATEN
SAHNE, MILCH (LAKTOSE), GLUKOSESIRUP,
BIO-ROHRZUCKER, EIGELB, VANILLESCHOTENMARK
MINDESTENS HALTBAR BIS.
WILFRIED SCHOLLMANN KG
HAUPTSTRASSE 88
77652 OFFENBURG

KÜRBIS-CRANBERRY-KUCHEN

Zutaten
für 1 Kuchen

Kürbispüree

1 kg Hokkaido-Kürbis

200 g Walnüsse

120 g Butter

100 g Zucker

1 TL Melasse

300 g tiefgekühlte Cranberrys

Teig

200 g Mehl

2 TL Backpulver

1 Messerspitze gemahlener Zimt

1 Prise Salz

1 Messerspitze gemahlene Muskatnuss

250 g weiche Butter

220 g Zucker

1 EL Melasse

4 Bio-Eier

200 g gemahlene Haselnüsse

Außerdem:

1 Springform Ø 26 cm

⟶ Kürbis halbieren, Kerne entfernen und im Ofen bei 180 Grad 40 Minuten weich werden lassen.

⟶ Mit einem Löffel das Kürbisfleisch aus der Schale lösen und pürieren. 500 g Püree für später zur Seite stellen. Walnüsse grob hacken. Butter, Zucker und Melasse in einem Topf schmelzen, bis sich der Zucker aufgelöst hat. Topf vom Herd nehmen, Cranberrys und Walnüsse einrühren. Die Nuss-Cranberry-Masse gleichmäßig auf dem Boden der gefetteten Springform verteilen.

⟶ Backofen auf 150 Grad vorheizen. Für den Teig Mehl, Backpulver, Zimt, Salz und Muskatnuss in eine Schüssel sieben. Butter in einer Rührschüssel mit dem Zucker und der Melasse schaumig schlagen. Unter ständigem Rühren die Eier einzeln hinzugeben.

⟶ Nach und nach die Mehlmischung einarbeiten und das Kürbispüree untermengen. Zum Schluss die gemahlenen Haselnüsse hinzufügen. Den fertigen Teig auf der Nuss-Cranberry-Masse verteilen.

⟶ Den Kuchen 60 bis 70 Minuten auf der mittleren Schiene des Ofens backen, herausnehmen und 15 Minuten abkühlen lassen. Mit einem Messer aus der Springform lösen und auf eine Kuchenplatte stürzen. Vorsichtig den Springform-Boden lösen und abkühlen.

⟶ Mit frischem Schlagrahm servieren.

ZITRONENKUCHEN

Zutaten
für 1 Kuchen

500 g weiche Butter

500 g Rohrzucker

Schale von 4 Bio-Zitronen, fein gerieben

9 Bio-Eier

20 g Backpulver

Aufguss

200 ml frisch gepresster und abgesiebter Zitronensaft

80 g Puderzucker

200 ml Wasser

Zuckerguss

200 g Puderzucker

50 ml frisch gepresster und abgesiebter Zitronensaft

Außerdem

große Kastenform Ø 26 cm

⟶ Den Ofen auf 180 Grad vorheizen.

⟶ In einer Rührschüssel mit dem Handrührgerät oder mit einer Küchenmaschine Butter, Zucker und Zitronenabrieb so lange rühren, bis sich der Zucker aufgelöst hat. Im 30-Sekunden-Takt jeweils zwei Eier bei mittlerer Stufe hinzugeben.

⟶ Mehl und Backpulver vermischen und langsam unterrühren, bis ein glatter Teig entsteht. Kastenform einfetten und mit dem Teig befüllen. In den vorgeheizten Ofen geben und auf der mittleren Schiene eine Stunde backen.

⟶ Anschließend den Kuchen in der Form eine Stunde abkühlen lassen und danach auf ein Gitter stürzen.

⟶ Für den Aufguss Zitronensaft, Puderzucker und Wasser verrühren und vorsichtig über den Kuchen träufeln, so lange, bis die gesamte Flüssigkeit aufgesaugt wurde.

⟶ Für den Zuckerguss den Puderzucker mit dem Zitronensaft verrühren, bis eine dickflüssige Masse entsteht. Den Guss gleichmäßig über dem Kuchen verteilen.

Anmerkung: Für den benötigten Zitronensaft brauchst du ca. 8–10 vollreife Bio-Zitronen.

Zitat Jonas Stein: „Weltfrieden und Stück Zitronenkuchen"

Yvonnes Sicht

Seit über 20 Jahren bin ich nun schon mit meinem Mann in unseren Gastronomien tätig und wir leben und lieben sie. Obwohl ich mich in dieser herrlich kuriosen Welt bewege, so verteufele ich diese auch manchmal.

Willi lebt die Gastronomie mit jeder Faser seines Körpers. Er ist jemand, der ständig nach neuen Herausforderungen sucht und sich voller Tatendrang immer weiterentwickelt. Der sich aus jeglichen Erlebnissen, Begegnungen und Eindrücken neue Ideen ausdenkt.

Egal in welcher Entwicklungsphase er sich gerade befindet, er lebt diese mit Herz und Seele und geht voll darin auf. Diese entschlossene Euphorie beeindruckt mich immer wieder aufs Neue!

Als Frau an seiner Seite und Mutter unserer Kinder brauche ich einen gewissen Abstand zu dem Geschehen, um einen anderen Blickwinkel zu behalten und um meine Familie zu erden. Gastronomie und Familie gehen nicht gerade Hand in Hand und man muss bereit sein, einige Opfer zu bringen. Vor allem in der Weihnachtszeit Familie und Arbeit unter einen Hut zu bringen, ist nicht immer lustig und eine der größten Herausforderungen.

Im Gegenzug dafür erhält man eine wundervoll verkorkste, chaotische, kreative, offene und lebendige Welt, die mich, meinen Mann und unsere Kinder sehr prägt und bereichert.

Somit ein „Danke“ an all diejenigen, welche mit genauso viel Leidenschaft und Respekt die Liebe zu ihren Produkten leben, meinen Horizont erweitern und mir damit immer wieder ein Lächeln ins Gesicht zaubern.

Und zum Schluss: Danke mein Schatz, dass es Dich gibt – auch wenn du mich hin und wieder mit deinem Tatendrang an den Rand meiner Nerven bringst.

TCB.

Yvonne

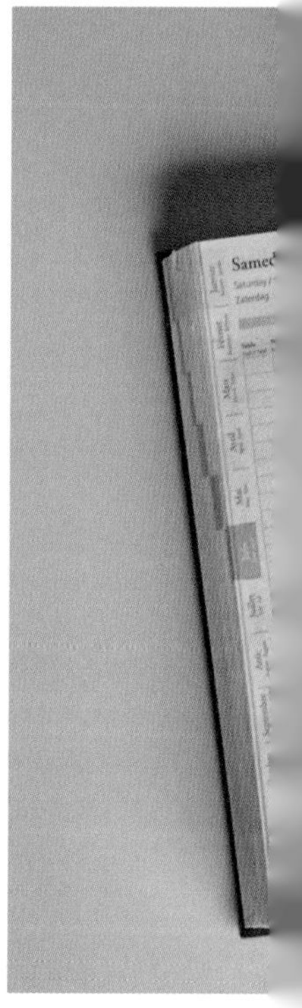

BOLLINGER
MAISON FONDÉE EN 1829 AY FRANCE
CHAMPAGNE BOLLINGER

Menschen machen die Magie

Gast bin ich selbst gern. Ich gehe wahnsinnig gerne essen oder setze mich in eine Bar. Da lerne ich viel. Ich schaue dabei nicht nur auf Details, das Gesamtpaket ist mir wichtig. Letztlich geht es immer um gemeinsame Zeit, die ich als Gast mit meiner Familie und Freunden in einem besonderen Rahmen verbringe. Das Gemeinschaftserlebnis ist das Wichtigste. Und so sind mir auch für meine Cafés, Bars, Restaurants und Hotels die Leute der wichtigste Faktor.

Man kann viel in eine schicke, trendige Ausstattung, in Licht, in Dekor und besondere Accessoires investieren, und ich denke, dass uns das mit Gespür und Händchen auch immer wieder ganz gut gelungen ist. Aber letztendlich sind es die Menschen, die dort arbeiten und die dort hinkommen, um sich zu restaurieren, die die besondere Atmosphäre eines Restaurants, einer Bar ausmachen. Letztendlich sind sie es, die das Flair bestimmen.

Aber klar: Zum guten Restaurieren müssen Bar und Küche stimmen, ihren Beitrag leisten, die Grundlage schaffen. Dieses Buchprojekt will ein Spiegel sein dessen, was ich in 30 Jahren Gastronomie in dieser Hinsicht an Erfahrungen gesammelt habe. Nämlich wie man im Vertrauen auf die Klassiker, mit hervorragenden Zutaten und einer Prise Magie diese Grundlage für ein großartiges Gemeinschaftserlebnis schafft.

Mit einer Handvoll D-Mark

Ich bin jetzt, wie gesagt, 30 Jahre im Geschäft. Die Gastronomie und ich waren wohl füreinander bestimmt. Wir haben uns früh gefunden. Mit 15 habe ich mit Spülerjobs auf dem Weinfest oder dem Weihnachtsmarkt angefangen, und dann ging es immer Schlag auf Schlag. Ich war Aushilfe in der Szenekneipe Kakadu, habe mich dort 1992 mit 18 Jahren und mit 200 D-Mark Wechselgeld als Startkapital selbstständig gemacht. Dann kam die Red Lounge Bar, ganz intensive zehn Jahre, in denen ich die Nacht zum Tag gemacht habe. Die Bar wurde mein Leben. Barkultur war in den 1990er-Jahren national und international quasi tot, aber zusammen mit anderen haben wir das Mitte der 90er wiederentdeckt und neu ins Rollen gebracht. Eines Tages lag in meinem Briefkasten die Zeitschrift Mixology und ich merkte wie Robinson, dass ich nicht alleine war auf dieser Insel. Das war ein sehr schöner und wichtiger Moment.

Als Kontrast zum Nachtleben kam das Tagescafé Kaffee Lounge in der Küfergasse dazu, das nach dem Vorbild italienischer Espressobars entstand. 2003 habe

ART
OMI

ich dann den Schritt gewagt, mit dem Tanzsaal der Zauberflöte das Thema Bar-Restaurant anzupacken. Da war ich erstmals mit der Organisation einer Küche konfrontiert. Dann haben wir auch gleich das Thema Catering in Angriff genommen. 2005 haben wir das Schoellmanns über den Dächern von Offenburg eröffnet. Das war das erste Objekt, bei dem ich vom Rohbau bis zum fertigen Bar-Restaurant alles selbst bestimmt habe, sozusagen den Rahmen und das Bild selbst gestalten konnte. Dort stand ich dann unter anderem auch zwei Jahre als Koch in der Küche.

Ich bin gastronomischer Autodidakt. Autodidakt sein bedeutet: Ich habe alle meine Fehler selbst bezahlt. Gekocht habe ich privat schon immer gerne, aber jetzt zum ersten Mal unter professionellen Bedingungen. Qualifiziert hatte ich mich für den Job durch die Skills meiner Küchenmannschaft, bei der ich viel abgeguckt hatte. Und wieder habe ich extrem viel gelernt. Vor allem, warum der Beruf ist, wie er ist, und dadurch Menschen mit ganz speziellem Charakter formt.

Aber nach der Eröffnung des Schoellmanns habe ich nur noch seltener als Barmann hinterm Tresen oder als Koch am Herd gestanden. Ich bin fast ganz in die Rolle der Geschäftsführung gewechselt. Das Unternehmen hatte mittlerweile eine Größe erreicht, dass ich nur so den Überblick bewahren konnte. 2014 haben wir dann das ganze Haus Zauberflöte übernommen und aufwendig saniert. Dort gibt es seither Hotel, Restaurant, Bar und Café. Das Thema Kunst spielt eine große Rolle. Mein Freund und Künstler Stefan Strumbel hat mir mit seinem Netzwerk enorm geholfen, das Haus Zauberflöte zu etwas Besonderem zu machen. Etwas, bei dem Kreative aus den Metropolen Deutschlands und Europas nach Offenburg kommen und sagen, wow, was habt ihr denn hier?

2014 kam dann noch die Ursulahütte als Eventlocation zwischen Wald und Reben mit dem Wahnsinnsblick über Offenburg dazu, die ich zusammen mit drei Freunden übernommen habe. Jetzt kommt auch noch das Traditionshotel Union dazu. Und wir haben noch weitere Projekte in Planung.

Einmal geschüttelt

Und in all diese Dynamik, Kreativität und Leidenschaft grätscht uns im April 2020 der Lockdown dazwischen. Schlüssel rum und aus, kein Passwort, der DJ zieht mitten in der Party den Stecker. Das war zunächst einmal wie gegen die Wand. Aber an was wir auf keinen Fall dachten, war Aufgeben. Es hängt zu viel dran, sowohl Herzblut als auch Mitarbeiter. Wir haben uns kurz geschüttelt und dann war sie da, die Idee für dieses Buch.

Der Taktgeber war weg, und eine alte Idee, nie dafür Zeit gehabt, zu viel Alltag, schob sich in den Vordergrund. Dass ein Koch oder Bar-Mann Rezepte hat, klar. Aber wie kommt ein Gastronom zum Thema Buch? Das sind die Künstlerfreunde, die bildenden Künstler, die Wortjongleure, die Fotomagier unter unseren Gästen, die Freunde geworden sind, die einen zu so etwas inspirieren. Und jetzt war endlich die Zeit, die Talente neu miteinander zu mischen.

Die vorliegende Veröffentlichung ist mehr Bar- als Kochbuch. Im Verhältnis zwei Drittel – ein Drittel geht es darin um Cocktails und Essen. Über 100 Rezepte finden sich darin. Wir hätten viermal so viele reinpacken können. Auf gut 300 Seiten sind Anleitungen für Gerichte und Cocktails zu finden, die dem Leser inspirierende Einblicke in unsere kulinarischen Welten geben. Unser Freund, der Fotograf Stefan Armbruster, prägt mit seinen klaren, ästhetischen Fotoaufnahmen den Style dieser Genusskultur zwischen Moderne und Tradition. Im Buch selbst gibt es viele Ideen für klassische oder Obstbrand-Cocktails, für alkoholfreie Drinks, für Bar-Food, Frühstück, Lunch, Dinner und Desserts. Alles wird detailliert beschrieben und regt zum Nachmachen an.

Das Hardcover-Buch beinhaltet Gerichte und Cocktails, die mich und mein Team inspiriert haben – oder die von uns kreiert wurden. Darüber hinaus ist das Buch interaktiv angelegt – mit vielen QR-Codes und Links zu Videos von Barkeepern und Köchen. Dadurch wird es noch spannender und abwechslungsreicher für die Leserinnen und Leser.

Bei den Cocktails haben wir den Schwerpunkt gelegt auf Klassiker und auf das Mixen mit Obstbränden aus der Region. Das ist eine unserer Signaturen. Da freuen sich die Kolleginnen und Kollegen immer, die wir zu unserem Black Forest Bar Cup einladen. Die fünfte Ausgabe dieses Cocktailwettbewerbs sollte ursprünglich im Frühjahr erstmals in Paris stattfinden, dann sollte sie am 9. und 10. November 2020 in Offenburg steigen, jetzt mal sehen, ob das noch etwas wird mit der 2020er-Ausgabe. Jedenfalls sind die Wettbewerbsteilnehmer immer ganz begeistert – von der Landschaft hier im Schwarzwald sowieso, aber auch davon, was sie in Offenburg und der Region an Weinen und an Obstbränden für ihr Handwerk vorfinden. Diese Faszination haben wir für das Buch in Wort und Bild eingefangen.

Beim Essen geht es um viele Alltags-, Bar-Food- und Bistroklassiker, die man bei uns bekommt. Klassiker sind, was sie sind, da muss nicht viel verändert, aber sie müssen sorgfältig zubereitet werden. Wir haben keine Scheu, Neues hinzuzuerfinden, Raffinesse im Detail neu zu kreieren und zu verändern. Die Produkte sind aber das Wichtigste, am besten von hier, aus der Region, es sei denn, ich kriege sie hier nicht.

Wissen, wo man hingehört, und wach sein für seine Zeit

Paris liegt viel näher an unserem Südwesten als etwa Berlin. Mit dem TGV in zwei Stunden ist man von Offenburg am Gare de l'Est. Ich fahre in die Metropolen, um zu sehen, wo die Gastronomie hingeht, was die Trends sind. Auch Flohmarktbesuche in Paris und die Jagd nach originellen Ausstattungsstücken für meine Betriebe gehören dazu. Ich habe immer versucht, mir Inspiration aus den großen Städten zu holen. Ich weiß aber nicht, was davon in Offenburg funktioniert, es ist eher ein Gefühl, dem ich nachgebe. Ich orientiere mich dabei unter anderem an dem Prinzip, das Stefan Strumbel mit seiner Kunst ausdrückt: Wissen, wo man herkommt, wissen, wo man hingehört, dabei weltoffen sein und wach für seine Zeit und bewahren, was einem an Werten wichtig ist. Ich denke, dass dieser Spirit in diesem Buch zu spüren ist.

Zum Wissen, wo man hingehört, gehört für mich an erster Stelle meine Familie. Das Gastronomiegewerbe ist ziemlich aufregend. Viele junge Menschen arbeiten dort. Leute, die oft schön und ziemlich outgoing sind, da sie sich ja im öffentlichen Raum bewegen. Das Klischee ist, dort geht es drunter und drüber, es wird nach Feierabend bis in den Morgen gefeiert, selbst wilde Orgien. Und ich kann nicht behaupten, dass an dem Klischee rein gar nichts dran ist.

Ich möchte aber jungen Leuten, die sich für den Beruf in der Gastronomie interessieren, zeigen, dass man dort arbeiten und dennoch eine glückliche Familie haben kann. Das war immer mein Ziel. Das geht aber nur mit der richtigen Partnerin, dem richtigen Partner und einer guten, starken Basis, einem Family Stone. Jetzt kommt er um 4 Uhr heim und hat wieder einen Gin Tonic zu viel. Oder an Heiligabend ist der Papa erst spät zu Hause. Da sind schon Toleranz und Verständnis gefordert. Ich bin unheimlich dankbar, dass meine liebe Yvonne und die Kinder Sara, Kim, Ben und Finn da super mitziehen. Familie ist das Wichtigste.

Eine Reise von 30 Jahren liegt hinter mir. Das Buch ist ein Reflex davon. Es spiegelt hoffentlich meine Philosophie, dass ich meinen Mitarbeiterinnen und Mitarbeitern Freiheit zur eigenen Entfaltung gebe. Ich sage, das ist die Linie, aber du musst nicht nach Schema F vorgehen. Mach damit dein eigenes Ding. Es geht um gegenseitige Horizonterweiterung. Das wünsche ich auch den Leserinnen und Lesern.

Euer Willi Schöllmann

Stefan Armbruster

Der gebürtige Gengenbacher Stefan Armbruster (*1971) arbeitet seit fast dreißig Jahren im Mode-Business. Als Modell war er ab Anfang der 1990er Jahre „das Gesicht“ von Helmut Lang und sein Antlitz zierte zahlreiche Magazine von Vogue bis Harpers Bazaar. 2004 kehrte Armbruster aus Manhatten zurück nach Europa und wechselte die Perspektive. Als freischaffender Fotograf für zahlreiche Magazine wie GQ, Glamour, Qvest, Encense oder a Magazin curated by, um nur einige zu nennen, konnte er sich schnell etablieren.

Bekannt wurde er mit Kampagnen, die er für die Hugo Boss-Marken Black, Selection und McLaren entwickelte. So wie sich kulturelles High und Low mischen, so bewegt sich Armbruster in den unterschiedlichen Medien, wie Numero, für die er kürzlich eine Kollaboration mit Jeremy Shaw einging, für GQ eine Modestrecke während des 24 Stunden Rennens von Le Mans produzierte oder das Kultur-Natur-Dispositiv für das Intersection Magazine darstellte. In seiner ganz eigenen Sprache portraitiert er die verschiedenen Gefühle unserer Generation und findet unter der Oberflächlichkeit neue Möglichkeitsräume an Verweisen und Interpretationen.

Nach den Stationen New York, London und Wien kehrte Armbruster 2017 in den Schwarzwald zurück, der ihm seitdem als Inspirationsquelle und Ort der inhaltlichen Auseinandersetzung dient. Dort gründete er gemeinsam mit Stefan Strumbel das Magazin OG Projects und zeichnet sich nun schon in der dritten Saison für das „Polaroid Project“ von Jil Sander verantwortlich.

Seine fotografischen Arbeiten oszillieren zwischen den Grenzen von Kunst, Portrait- und Fashionfotografie, pendeln zwischen elaborierter Inszenierung und betonter Zufälligkeit und finden immer wieder neue Formen der Aufmerksamkeitserzeugung. Im Gegensatz zur klassischen Modegrafie überschreiten seine Arbeiten die Grenzen zur künstlerischen Arbeit. Er stellt verschiedene Bildgenres wie Einzelportraits, Gruppenaufnahmen, Detailansichten, Landschafts- und Architekturaufnahmen oder Aktionsfotografie nebeneinander und entwickelt dadurch eine Form der Narration, wie sie sich auch in Filmen seines fotografischen Vorbildes Andrei Tarkowski wiederfindet.

PLACE
TO BE!
HEIMAT
IS A
HUMAN
RIGHT
!!!

HEIMAT
IS A
HUMAN
RIGHT
!!!
PLACE

Hommage an die Bar

Ich sage es gleich vorweg, ich liebe Willi Schöllmann, diesen Magier der Gastrosophie, diesen Willy Wonka der kulinarischen Erlebnisreisen, diesen Architekten der potenzierten Sinne. Immer gut gelaunt und mit angeborener Lockerheit steht er in einer seiner zahlreichen Vergnügungsstätten, sagt wenig und dirigiert mit seinem einnehmenden Blick.

Was geht in diesem, unserem Gastgeber vor? Was ist sein Geheimnis? Wie schafft er es, sich an unsere geheimsten Wünsche anzudocken, was treibt ihn dazu, uns Geborgenheit zu schenken? Da steht er nun, holt seine Fettstifte raus und retuschiert unsere Brustwarzen zu fröhlichen Augen und den Bauchnabel zum gierigen Schlund. Unsere Tage der traurigen Gaststättenaufenthalte sind gezählt.

Wenn Sie die Normhotellerie schon kennen und das Überraschende zu schätzen wissen, dann kann Ihnen nur das Hotel Haus Zauberflöte empfohlen werden. Das Hotel bietet acht individuell von Künstlern gestaltete Zimmer, und keine Fantasie bleibt unerfüllt. Vom gekritzelten Schwarzwaldpanorama eines Stefan Marx über den „Elvis-Presley-Gedächtnisraum“ bis hin zur „Suite 69“ (inklusive eines Bettkastens voller Spielzeug für Erwachsene) bietet dieses Hotel Abwechslung zum langweiligen Alltag für Menschen, die in einer Ewig-Beziehung harren. Aber dieses Gasthaus, im wahrsten Sinne des Wortes, bietet noch weitaus mehr: ein reiches Frühstückssortiment mit dem besten Avocado-Bauernbrot, das ich kenne. Das benachbarte Restaurant legt Zeugnis darüber ab, warum Baden die beste kulinarische Region Deutschlands ist. Und um 22 Uhr, wenn schon lange auf den Straßen Offenburgs nichts mehr los ist, sich Hase und Igel aus gähnender Langeweile schon vor Stunden verabschiedet haben, dann ist es Zeit für die Bar im Haus Zauberflöte! Eine Oase des sich vornehm Zulaufenlassens, Josh, der Barkeeper, sagt kein überflüssiges Wort, und die Drinks sind großzügig und berauschend. Sie können da die ganze Nacht verbringen und die Langweiligkeit der Kleinstadt vergessen, es kommt auch niemand auf die Idee, Sie als einzigen Gast um 4.30 Uhr nach Hause zu schicken!

Lieber Willi,

bewahre mich und meinen Traum davor, dass ich aufwache. Ich will kein Skeptiker mehr sein.

Deine Gäste sind hungrig, und ihr Hunger sitzt nicht nur im Bauch. Einmal im Leben dort sein, wo du in Gedanken schon bist.

In den alten Männern wie mir jubelt es. Was für ein Glück, weitsichtig zu sein und nicht kurzsichtig. Brillen machen einfach älter. Aber: Bei dieser Symbiose von deinem gastrosophischen Angebot und mir, dem Gast, komme ich, mein Körper, meine Leber auf jeden Fall älter heim, als ich je zu werden fürchtete. Doch mein Mut wird belohnt. Denn es ist der Mut eines Gläubigen.

Meine Pilgerreisen in deine Etablissements sind immer perfekt geplant. Das Phänomen ist verbreitet genug, um einen Namen zu haben. Es heißt Durst-auf-alles und nährt seinen Mann. Die psychiatrische Klinik Emmendingen unterhält eine Spezialabteilung dafür. Ihr Chef hat das Syndrom untersucht. Erklären kann er es nicht. Die Psychiater und wir, deine Gäste, sind von dem Unglaublichen weise geworden.

Am besten lassen wir den Durst sein, was er gerade ist.

Aber das war nur der Anfang. In mir geht ein Satz auf, ein großer Satz: Einmal im Leben den totalen Vollrausch üben. Nur einmal. Natürlich verlacht der Rausch mich. Aber der Rausch hat nicht mit der Energie gerechnet, mit der ich meine fixe Idee verfolge. Die Berauschtheit und ich bleiben Freunde. Jetzt gehe ich los, einmal im Leben nicht zu tun, was in Serie geht. Ich schlage dem Leben ein Schnippchen und mache aus der Endlosschleife der Trunkenheit ein Unikat. Es ist ein guter Grund in deiner Bar den Verstand zu verlieren.

Wahrscheinlich ist es wie jede andere Krankheit auch. Man wird sie nur los, indem man sie durchmacht.

Der akut Befallene wird zur Ein-Punkt-Person, er verliert den Appetit auf den Rest der Welt. Der Blick schweift, die Lippen formen einen Satz, der mit den seltsamsten Absichtsbekundungen endet, aber immer mit den denselben drei Worten beginnt:

Danke, lieber Willi!

Florian Waldvogel

TABASCO
CAP CORSE
DOLIN

ALCOHOL BY VOLUME

NON-ALCOHOLIC
0 %

LIGHT
< 11,5 %

MEDIUM
< 20 %

STRONG
> 20 %

RESTAURANT
BAR

OPEN 24
YOUR
EAT

MOSES
TAPS
Vorsicht
Ausfahrt

FOREST

LYNCH BAGES
GAJA
IV
V
DOUBLE JUS
GAJA

CHAMPAGNE
BOLLINGER
BOLLINGER
VI
VII
VIII

BOLLINGER
LA GRANDE
CHAMPAGNE
SPECIAL
75 cl - 12% vol
BOLLINGER
1829
AY
FRANCE
LAIBLE
2018
STOLLENBERG
GG
47%VOL
HANDCRAFTED

Haardt/Pfalz
Weissburgunder
BELSAZAR
VERMOUTH
ROSÉ
17,5% VOL
CRAFTED IN THE SUNNY SOUTH OF GERMANY
APERITIVO
ORIGINALE
0,7 Ltr.
18

Danke!

Yvonne
Ohne sie wäre ich definitiv nicht da, wo ich heute bin.
Die Zeit mit ihr ist das größte aller Geschenke.

Sara, Kim, Ben, Finn
Meine Kinder, mein Glück und Antrieb. Von ihnen lerne ich.

Maria
Sara's Mama – mit ihr habe ich meinen ersten Laden eröffnet.

Stefan Strumbel
Mein Freund und größter Kritiker. Er bereichert nicht nur mein Leben, sondern auch das der ganzen Stadt.

Uli
Seit 1999 Grafiker des Vertrauens, Freund und Arbeitstier, available 24/7.

Stefan Armbruster
Freund und Fotograf. Ohne ihn wäre dieses Buch nur ein Rezeptbuch, jetzt ist es ein Gesamtkunstwerk.

Nils Wrage
Geiler Typ, Aushängeschild und Fachmann für Barkultur.
Chefredakteur Mixology – Magazin für Barkultur.

Nadine
Restaurantleitung der Zauberflöte und meine älteste Freundin.

Leo
Mitarbeiter der ersten Stunde des Schoellmann's und bis heute tragende Persönlichkeit, Restaurantleiter und Gastgeber. Er hat das Team immer wieder zusammengeschweißt, ausgebildet und nach vorne gebracht. Ein großer Glücksfall – menschlich wie fachlich. Möge die Macht mit ihm sein!

Felix und Marco
Zwei Jungs, zu denen nur eine Bezeichnung passt: Koch. Jeder für sich ein Geschenk des Himmels, mit sehr vielen Ecken und Kanten bereichern und ermöglichen sie unseren Restaurantbetrieb. Ohne sie wäre es undenkbar.

Ludmilla und Laila
Unsere Vollblut-Café-Küchen-Göttinnen, die ihr Reich voll im Griff haben. Prädikat: zuverlässig.

Hannes
Die großartige Fortsetzung meiner Vorstellung von Barkultur. Wahrscheinlich der Mensch, der mich in dieser Hinsicht am besten versteht und gleichzeitig inspiriert. Ich freue mich, auf das was noch kommt.

Joshi
Der perfekte Barmann und Gastgeber. Eine Marke.

Michael
Der Herr der Zahlen. Er wagte den Sprung vom sicheren Hafen (der Bank) ins Eiswasser-Becken der Gastronomie. Chapeau!

Jonas Stein
Barmann der ersten Stunde des Schoellmanns, auch mein „Bub“ genannt. Er hat mich vom Tresen weggeschoben und eine neue Ära an der Bar eröffnet. Mit keinem anderen hatte ich mehr Diskussionen über Cocktailkirschen, Sahne in Drinks, Tons of Bitters und Zitronenzesten.

Jan N. Jehli
Einer der kreativsten Köpfe, Mixologe und herzlicher Gastgeber.

Martin
mein Freund, Connaisseur, Spitzname: „Opa“, Ratgeber und Traumgast einer jeden Bar und Restaurant

Meine Freunde, Partner und Wegbegleiter:
Jürgen, Sven Grathwohl, Frankie, Thomas Hänle, Kari Albermann, Thomas Bittel, Jamel, Stadt Offenburg, Christian Funk und Hubert Burda

Und natürlich:
Chiara Purino, Enya Lamade, Martin Lopartecki, Markus Teck, Max Kress, Simon Hötzelt, David Wilhelm, Benjamin Primo, Florian Waldvogel, Andreas und Petra Laible, Josef Kiefer, Markus Dirr, Thomas Ness, Axel Schneider, Kevin, Falco, Gerrit Koy und all die Partner und großzügigen Unterstützer des Projekts.

Nicht zu vergessen:
Unsere immer größer werdende Familie, alle aktiven und ehemaligen Mitarbeiter.

Und ein Hoch auf die Kunst:
Beegee, Blek le Rat, Easy, Gert und Uwe Tobias, Herr von Eden, Martin Sander, Moses & Taps, Olaf Metzel, Oliver Rath, Schwani, Stefan Armbruster, Stefan Marx, Stefan Strumbel, Yeah, XOOOOX

Und das Wichtigste zum Schluß: Vielen Dank an unsere Gäste!

STRUMBEL
DON'T DRINK &
RAKIJA
$PEZI!
STIER
STËREO
CHAMPAG

STRUMBEL
NINE
VIO
VIO
SMS
WATER

Impressum

Erste Auflage, Dezember 2020

Gesamtkonzeption: Willi Schöllmann
Fotografie: Stefan Armbruster
Layout: Ulrich Siefert
Ergänzende Fotos:
S. 312, 313: K.P. Exner,
S. 314, 317: Jigal Fichtner,
S. 317: Markus Edgar Ruf

Druck: EuroPrintPartner, Germany

ISBN 978-3-00-067353-5

Bildbeschreibung

Josef Kiefer S.182
Markus Dirr S.184
Andreas Laible S.186

Marco Buchholz S.298 links oben
Leo Nowotny S.298 rechts oben
David Wilhelm S.298 links unten
Josh Gajek S.298 rechts unten
Johannes Sorg S.299 links oben
Felix Pönitz S.299 rechts oben
Jonas Stein S.299 links unten
Jan N. Jehli S.299 rechts unten

Red Lounge Bar S.312
Schoellmanns S.314
Zauberflöten Bar S.316
Z-Cafe S.317
Zauberflöten Restaurant S.317
Ursula Hütte S.326

Martin Sander Kunst S.260
Stefan Armbruster Kunst S.305
Stefan Strumbel Kunst S.306
Blek Le Rat Kunst S.332
Stefan Marx Kunst S.334, 336

OG
RUINS
MY
NERVES
LOVE
OGin
TONIC
OG
NOW
M-AUDIO
RESTAURANT
BAR
FICHTE
FICH